Lilli Friedemann

KINDER SPIELEN MIT KLÄNGEN UND TÖNEN

Ein musikalischer Entwicklungsgang aus Lernspielen

für

Vorschulkinder

Schulanfänger

Sonderschüler

MÖSELER VERLAG WOLFENBÜTTEL UND ZÜRICH

Alle Rechte vorbehalten

© by Karl Heinrich Möseler Verlag, Wolfenbüttel und Zürich, 1971
Gesamtherstellung: Möseler, Wolfenbüttel · Printed in Germany

Grundsätzlicher Teil

Wir versuchen heute, die Anfänge des Musizierens in gruppenmäßiger Unterrichtsform von bisher gewohnten Schulkindaltersstufen auf das Alter zwischen 4 und 6 Jahren vorzuverlegen. Darf das bedeuten, daß der altbewährte musikalische Lehrstoff für den Schulanfang, nur etwas kindlicher verpackt, nun schon an 4 - 6jährige Kinder übermittelt werden soll?
Bei dieser Fragestellung eröffnen sich zwei Aspekte, die überdacht werden wollen: zum einen der des heute völlig gewandelten Klangmaterials der Musik und eines neuen musikalischen Denkens in unserer Zeit, durch das sich für uns auch der Begriff des musikalisch "Elementaren" ändern mußte. Dieser Aspekt soll erst in den späteren Ansätzen berücksichtigt werden.
Zum anderen folgendes: Die Tatsache, daß Kinder im Vorschulalter besonders aufnahme- und lernfähig sind, muß heute vielerorts als Motivation dafür herhalten, daß man Lehrstoffe an diese Kinder heranträgt, die bisher für die ersten Schuljahre verwendet wurden. Ist diese Motivation aber ausreichend? Finden wir beim Vorschulkind außer einer großen Aufnahmefähigkeit nicht noch andere spezifische Fähigkeiten, Bedürfnisse und auch Unfähigkeiten, die ebenso respektiert werden sollten und die einem vorgeformten, auf bestimmte Gebiete des Wissens eingeengten und verhältnismäßig abstrahierten Lehrstoff, wie z. B. die Notenschrift, entgegenstehen?
Die Beschäftigung mit diesen Fragen muß dem Entwurf eines Plans für die musikalische Früherziehung vorangehen. Stetiger persönlicher Umgang mit Vorschulkindern kann uns wesentliche Einsichten bringen; er gibt uns außerdem Gelegenheit zu notwendigen "Naturstudien", wie diese Kinder allein und momentan unbeeinflußt vor sich hin singen, trällern, klopfen, tanzen. Für alle derartigen Beobachtungen muß man sich frei von vorgefaßten Prinzipien und theoretischen "Erkenntnissen", welcher Art sie auch seien, offen halten; nur dann können sie eine reale Grundlage bilden für eine dem Vorschulalter gemäße musikalische Didaktik.
Welche Kräfte sind im vier- bis sechsjährigen Kind schon wach und entwicklungsfähig? Worauf spricht es seiner Natur nach an, was kann es mit den in ihm zur Zeit lebendigsten Kräften mitmachen, was braucht es für seine seelische Gelöstheit und für seinen Weg in eine immer vielfältigere Umwelt? Und nicht zuletzt: Welche Formen und Situationen gemeinsamen Spiels werden unter diesen Kindern freiwillig praktiziert?
Der S p i e l t r i e b ist im kleineren Kind immer gegenwärtig und notwendig zur Übung seiner gesamten Kräfte. Bei gesunden Vorschulkindern äußert er sich meist verbunden mit leiblicher Betätigung. Beim Musizieren kann der Spieltrieb zugleich auf vitaler, sinnlicher und geistiger Ebene befriedigt werden, wenn wir ihn nicht drosseln, sondern möglichst ungebrochen in eine der musikalischen Gruppenarbeit gemäße Ordnung lenken. Auf Kinder mit verhältnismäßig schwachem Spieltrieb können musikalische Spiele lösend und aktivierend wirken.
Die F a n t a s i e ist im kleineren Kind unverkümmert und auf musikalischem Gebiet noch durch wenig autoritär übermittelte Modelle oder Vorbilder eingeengt. Das Musizieren sollte viel Gelegenheit zur Betätigung der Fantasie und zu kleinen eigenen Gestaltungen geben. Hierbei braucht die "Gruppe" nicht immer einschränkend zu wirken, son-

dern sie kann bei einer entsprechenden Methodik ebensogut anregen und ermutigen. Die wenigen Gelegenheiten für ein Kind, im Gruppenunterricht nicht "nach Vorlage" arbeiten zu müssen, sollten durch die Musik erweitert werden. Die Entwicklung der Fantasie gehört zum geistigen Wachstum eines Menschen. Eigenes Gestalten ist dem Kind gemäß und kann den Grund legen zum selbständigen Denken in späteren Jahren, zu dem auch im rein wissenschaftlichen Bereich erwiesenermaßen immer ein Teil Intuition gehört.

Auf der anderen Seite ist der N a c h a h m u n g s t r i e b im kleineren Kind nicht schwächer vertreten als das Bedürfnis zu freier Fantasieäußerung. Doch ist ersterer im bisher üblichen Musikunterricht genügend zur Anwendung gekommen und bedarf darum in diesem Buch keiner besonderen Hervorhebung. Als Beispiel für ein gutes Verhältnis zwischen Nachahmung und selbständiger Äußerung mag die Art gelten, wie ein Kind sprechen lernt. Trotz des hohen Anteils der reinen Nachahmung beim Sprechenlernen wäre dieses dem Kind doch unmöglich ohne das Verstehen des Wortsinns und der (unerklärten!) grammatischen Regeln und ohne die immer neue Kombination von Wörtern zu Sätzen. Das Kind wendet also die zunächst nachgeahmten Worte und kleinen Sätze bald in selbständiger und sinnvoll variierter Form an. Ist unseren Vorschulkindern ein entsprechend unbefangener und intelligenter Umgang mit der musikalischen Sprache vergönnt?

Die Freude an K l ä n g e n und G e r ä u s c h e n ist bei Kindern nicht geringer als die Freude an Rhythmus und Melodie, vielleicht sogar stärker. Klänge wirken unmittelbar auf Fantasie und Emotion. Gerade kleinere Kinder sind höchst erfinderisch bei der Ausnutzung aller legalen und "illegalen" Klangquellen, seien sie vokal oder instrumental.

Was Vorschulkindern noch f e r n liegt, ist A b s t r a k t i o n in jeder Form. Die Kinder "denken" mit der Hand und mit dem Ohr. Reden finden sie nur interessant als unmittelbare Reaktion auf konkrete Eindrücke. Beim Singen vermögen sie nicht die Melodie vom Text zu trennen, beim Spielen nicht den Rhythmus von der Tonfolge. Und das Spielen oder Singen wird erst dann ganz intensiv, wenn das Kind sich dabei als ganze Person verwandelt, bzw. verzaubert und das d a r s t e l l t, was es singt oder spielt. Es singt das Lied "Nebel, Nebel" am besten, wenn die Gruppe das Verschwinden des Nebels vor der kommenden Sonne s p i e l t, und "Männchen, Männchen, geig einmal" am besten, wenn danach wirklich ein Kind zum Geigen (oder Flöten) tanzen darf. Die Verwandlungsfähigkeit oder das ganzheitliche Erlebnis des Vorschulkindes steigern seine Fantasie und auch seine Leistungsfähigkeit, auf die erst später abstraktere Übungen und das Bewußtmachen von Einzelheiten einwirken können.

Alle die hier genannten lebendigen und zu individueller Äußerung treibenden Kräfte lassen sich mäßigen und binden durch eine immer wieder erstaunliche Eigenschaft, die ebenfalls am stärksten in der Natur des kleinen Kindes liegt: der Sinn für O r d n u n g e n und die Freude an der W i e d e r h o l u n g. Eine bei der ersten Einführung eines bestimmten Vorgangs angewandte Regelung wird ein für allemal — zumindest grundsätzlich — von der Kindergruppe anerkannt und gegen "Ausbrecher" verteidigt. Diese Eigenschaft ist ein starker Verbündeter für den Erzieher oder Musiklehrer, dem an einem harmonischen Ablauf des Musizierens gelegen ist. Durch sie wird die Strenge der "Spielregel" zu einer Kraft, die die Kinder im Zaum hält und die persönliche Strenge des Leiters, die Hemmungen verursachen kann, zu einem großen Teil ersetzt; auf der Beobachtung dieser Eigenschaften basieren viele Übungen und variierte Wiederholungsvorgänge, die im methodischen Teil dieses Buches beschrieben sind.

Der Sinn für Ordnung und der Nachahmungstrieb sind es auch, aus denen spezifisch kindliche Spielsituationen entstehen. Hier seien drei Typen genannt:

1. Alle Kinder tun das gleiche, aber nicht uniform, sondern jedes auf seine Weise.
2. Ein gegebener Vorgang, der sich aus Reigen- oder Liedtext oder einer Geschichte ergibt, wird mit verteilten Rollen dargestellt. Dasselbe wird auch mit improvisierten Vorgängen zwischen dargestellten typischen Figuren (Mutter und Kind, Lehrer und Schüler) gemacht.
3. Den Aktionen der ganzen Gruppe wird von einem einzelnen Kind eine bestimmte "Rolle", z. B. die des Vormachens, gegenübergestellt; die "Solorolle" geht reihum.

Die genannten Beobachtungen weisen uns in ihrer Gesamtheit in eine Richtung didaktischen Verhaltens, die noch wenig mit dem Fordern meßbarer Leistungen zu tun hat. Für den Musikerzieher schließt sich hier ein zweiter Fragenkomplex an, der Wege und Ziele der musikalischen Früherziehung betrifft:

Welche Art Umgang mit Musik können wir aufgrund der genannten "Naturstudien" und Erfahrungen als elementar und dem Vorschulkind gemäß erkennen? Soll man mit einzelnen musikalischen Elementen beginnen, um Vorschulkinder in Musik einzuführen?

Soll man zum anfänglichen Ziel der musikalischen Gruppenarbeit wie eh und je nur Tonfolgen und metrische Rhythmen bzw. aus diesen bestehende vorgeformte Lieder und "Begleitungen" nehmen? Hat elementares Musizieren nicht auch unmittelbare Beziehung zum farbigen Klang und zur Neuen, am differenzierten Klang und an ametrischen Rhythmen orientierten Musik?

Ist das Notenlesen und -schreiben, das Lernen von Notennamen so zentral im Musizieren verankert, daß man es auch bei der Musikarbeit mit Vorschulkindern einbeziehen muß?

Beobachtungen an diesen Kindern, darunter vor allem in bezug auf ihre Unfähigkeit zur Abstraktion und ihre Neigung, aus dem ganzheitlichen Erlebnis einer Situation, einer Geschichte, einer Verwandlung zu musizieren, müssen mehr oder weniger zur Verneinung dieser Fragen führen:

Musik m i t Darstellung, m i t Bewegung, m i t Texten oder bestimmten Vorstellungen ist ein den Vorschulkindern besonders gemäßer Ausgangspunkt, wobei natürlich die Musik an sich in einfachen Erscheinungsformen und auf einfachen Instrumenten, aber nicht in abstrahierten Einzelheiten auftreten wird.

An der Tatsache, daß "Verwandlung" oder Assoziation die Anteilnahme und damit die Fantasie der Kinder wecken, darf eine musikalische Methodik für Vorschulkinder am wenigsten vorübergehen. Sie bildet in den meisten Fällen den Ausgangspunkt kreativen Musizierens. Wichtig ist nur, daß der Weg allmählich zu einem abstrakteren Musizieren, also zur Konzentration auf die musikalischen Vorgänge an sich hinlenkt.

Auch innerhalb "rein musikalischer", vorwiegend von Assoziationen befreiter Lernvorgänge machen Vorschulkinder von vornherein komplexe Musik, d. h. sie musizieren zugleich mit dynamischer, rhythmischer, klanglicher und gegebenenfalls auch tonaler Gestaltgebung, sei es vokal oder instrumental. Hieran könnte sie tatsächlich nur das Spiel nach Noten hindern.

Allerdings darf man nicht den Unterschied übersehen zwischen einem Vertrautmachen mit komplexer Musik durch unbefangenen Umgang mit ihr und dem E i n p r ä g e n von bestimmten Einzelphänomenen, die dem Bewußtsein des Kindes verfügbar werden sollen. Beim letzteren muß man doch von kleinsten Einzelheiten als "Keimzellen" ausgehen. So kann man z. B. mit musikalischen Vorschulkindern schon Lieder in verhältnismäßig großem Tonumfang singen, muß aber doch bei allen Kindern ein sicheres Tönefinden nach dem Gehör mit der Unterscheidung von "Hell und Dunkel", also mit einer Zweitönigkeit vorbereiten. Wenn man hierfür schon anfangs, dem sowieso fragwürdigen Ideal "uneingeschränkter Freiheit" folgend, einen beliebigen Tonvorrat anbietet, so prägt sich den Kindern nichts ein, und sie tappen beim Spiel nach dem Gehör hilflos umher, ohne erkennbare Fortschritte zu machen.

Sehr problematisch ist für uns die Lehrmethode des Vor- und Nachmachens geworden. Für größere Kinder wird sie heute mit Recht abgelehnt, doch gehört sie nach wie vor zu den selbstverständlichen A u s g a n g s p u n k t e n vorschulkindlichen Lernens. Verwerflich wäre hier nur eine Didaktik, die nicht im Lauf der Zeit aus dem Nachmachen und Mitmachen heraus- und zu einem bewußten "Gegenspielen" hinführt bzw. den Imitationsaufgaben nicht ein entsprechendes Quantum an kreativen Aufgaben gegenüberstellt. Aufgaben zum Nachmachen, Mitmachen, "Folgen" sind sinnvoll, solange die Einordnung in die betreffenden Spielregeln den Anfängern noch schwerfällt, und sie bleiben sinnvoll, wenn das Folgen und Nachmachen sich auf veränderliche akustische Ereignisse bezieht, deren Beobachtung die volle Konzentration der Kinder fordert.

Aus der Betrachtung der Lehrinhalte dieses Buches ergeben sich weitere Stellungnahmen zum zweiten Fragenkomplex.

Der Aufbau einer Methodik aus kleinen "L e r n s c h r i t t e n" ist auch bei der hier vertretenen Einstellung und Zielsetzung unentbehrlich; er bedeutet u. a. einen bleibenden Anreiz für die Kinder, da sie innerhalb begrenzter Bereiche am besten ihre Fortschritte überschauen können.

Die obligaten Lernspiele, die durch das ganze Buch jeweils unter dem gleichen Titel weiterentwickelt wurden, werden ergänzt durch die sogenannten "Spielideen". Diese stellen zwar auch effektive Forderungen, gehören aber nicht im engeren Sinn zum Aufbau, sondern sollen, auf der Grenze zwischen Lernen und Spielen stehend, den Kindern farbige und fantasievolle Sinnerfüllung im Umgang mit Musik schenken.

Um die Kinder zu Beginn der Musikstunde mitten in ein lebendiges Musizieren nach ihrer Art hineinzustellen, ist Musik mit Bewegung gut geeignet: gehen, hüpfen, laufen zu einer Musik, die — möglichst — der Lehrer selbst spielt, oder darstellende Bewegung zum Singen. Haben die Kinder noch die Schritte, die sie zur Musik gemacht haben, in Erinnerung, so empfinden sie die geringe Abstraktion, anstatt mit den Füßen auf dem Boden mit beiden Händen auf der Pauke zu "gehen" und zu "laufen", nicht als Entleerung. Der Klang der Instrumente weckt neues Interesse. Das Nachahmen der eigenen Schritte mit den Händen findet viele rhythmische Variationen durch die Darstellung von verschiedenen Tierschritten.

Man geht bei Rhythmusübungen außer von der Bewegung auch von Worten, Namen, Rufen aus, läßt also die Pauke "sprechen", wobei wir, wenn ein einzelnes Kind es tut, den Sprachrhythmus zu erhalten suchen, also kein Metrum einpauken werden. (Beim gleichzeitigen Spielen oder Singen vieler Kinder zu Worten geht es meist nicht ohne Metrum.) Umgekehrt kann man vorgeklopfte Rhythmen mit lustigen Sprachlauten versehen und so von verschiedenen Seiten her zur Gestaltung von Rhythmen kommen, die wiederholt und imitiert werden können. Das Imitieren einer ganzen rhythmischen Phrase von jedem einzelnen reihum kann daraus entstehen; dies wäre aber eine recht abstrakte Übung, wenn man sie nicht einkleiden würde in ein Spiel wie das: Neger trommeln sich eine Nachricht von Dorf zu Dorf (s. S. 40).

Das Spiel mit Schlagwerk vermittelt dem Kind nicht nur rhythmische, sondern ebensoviel dynamische und klangliche Erlebnisse und Erfahrungen. Darüber, wie man auf den

Gebieten Dynamik und Klangfarbe etwas lehren bzw. zu bewußtem und fantasievollem Umgang damit erziehen kann, ließ sich bis vor kurzem nichts in der Literatur über elementare Musikerziehung finden. Dynamische Unterscheidungen erschöpften sich zumeist in der Erklärung von unbetonten und betonten Taktteilen und im Befolgen der Zeichen für forte und piano. Der Klangsinn wurde für gewöhnlich erst beim praktischen Einzelunterricht gefordert, dann aber lediglich in der Zielrichtung auf den "schönen, vollen" Ton gezüchtet. Nur beim Spiel mit Orffinstrumenten und mit selbstentdecktem Klangzeug wird der Klangsinn in umfassender Form angesprochen, doch es fehlten Ratschläge für seine Entwicklung und Differenzierung. Was könnte sich hier, auch im Hinblick auf die Beziehung des Erwachsenen zur Neuen Musik, durch unvoreingenommenen Umgang der Kinder mit Schlag- und Klangzeug anbahnen, wenn Erfahrungen gesammelt und gesondert würden und wenn nichts verboten wäre außer einer Handhabung, die den Instrumenten schadet! (Dies zum ersten zu Beginn des "Grundsätzlichen Teils" erwähnten Aspekt.)

Die Anregungen zum Umgang mit Dynamik und Klängen für kleine Kinder sollen hier als Versuche gelten, die in Ermangelung irgendeines überlieferten Fundaments keinen Anspruch auf "Vollständigkeit" erheben wollen. Wieder spielt die "Darstellung" eine große Rolle als Ausgangspunkt, da sie die Klangfantasie der Kinder aktiviert. Das Spiel mit Klängen und Geräuschen verbindet sich auch mit rhythmischem Gestalten, das nicht an ein Metrum gebunden sein muß und doch bestimmte Forderungen an das Bewußtsein und die Erfindungskraft der Kinder stellt. ("Lärmphasen", "Auto oder Wind".)

Umgang mit Klängen ist natürlich nicht nur auf Instrumenten möglich, sondern ebensogut, in manchem sogar leichter, mit Stimm- und Sprachlauten. Kinder, die längst sprechen können, spielen oft ganz versunken mit Sprachlauten herum, wozu sie z. B. das Anhören reizvoll klingender Ortsnamen anregen kann. Helle und dunkle Vokale, scharfe und kräftige Konsonanten können u. a. durch Imitationsversuche auf Klanginstrumenten als Klangwert bewußt gemacht werden.

Auch grafische Zeichen kann man spielerisch mit Stimme oder Instrument auszudrücken versuchen; das ergäbe eine Vorform zum Musizieren nach grafischer Notation (Abschn. V "Die bemalten Türen".)

Unsere Zeit versteht unter Musik die gegensätzlichsten Erscheinungen von der einstimmigen pentatonischen Volksweise bis zur elektronischen Geräuschkomposition. Für Kinder d i e s e r Zeit (1971), deren Beziehung zur Musik bisher zum größten Teil aus Singen von Liedern und Hören traditioneller Musik genährt wurde, sollte auch der Musikunterricht noch beide Möglichkeiten umfassen: den Umgang mit dem traditionellen Musikmaterial, also mit metrischen Rhythmen und den abgestimmten Tönen unserer Skala, ebenso wie mit dem neuen Material der Musik, **das in ametrischen** Rhythmen, Klangfarben und Geräuschen besteht.

Töne einer Skala und metrische Rhythmen sind genau meßbar und nennbar; das bedeutet aber nicht, daß das Vertrautwerden mit ihnen an Notennamen und Notenlesen gebunden ist. (Das Spiel nach Noten erschien bis in die jüngste Geschichte hinein nur dem Abendland notwendig. In anderen Erdteilen konnte die Musik auch durch improvisatorische Praktiken zu hoher Kultur gelangen.)

Es besteht kein plausibler Grund dafür, daß man schon Vorschulkinder dem "paradiesischen" Zustand des Musizierens ohne Noten entreißt. Das Erlernen der Noten langweilt diese Kinder meistens; es kann auch bewirken, daß an sich musikliebende Kinder den Musikunterricht ablehnen oder daß sie sich infolge der ihrer kindlichen Natur nicht gemäßen Belastung durch Denken, Zählen, Mühen gefährliche Verkrampfungen beim Singen und Instrumentalspiel angewöhnen. Außerdem, was ebenso schlimm ist: Es lenkt sie vom inneren Hören ab und macht das Hinhören sogar zum Teil überflüssig. Das Notenlernen kommt dem Wesen kleinerer Kinder auch darum wenig entgegen, weil unserer Notenschrift fast ganz der Reiz des Anschaulichen fehlt. Sicherlich ist es aber keine ungemäße Forderung an Vorschulkinder, wenn man sie einfache musikalische Eindrücke grafisch erfassen läßt. Es kann das Hören bewußter machen und auch das Notenlesen vorbereiten. Hierfür und auch für ein Notenschreiben von der Bewegung her geben die letzten Abschnitte Anregungen. (Wir finden hier Entsprechungen zu Notationsformen der neuesten Musik.)

Besser als das Notenlernen kann man instrumentaltechnische Übungen beim Spiel verschiedener einfacher Instrumente schon bei Vorschulkindern beginnen. Der Bewegungsinstinkt ist hier noch unverdorben, und manches, was 12jährige sehr steif versuchen, wird von Vierjährigen schlafwandlerisch richtig angefaßt. Das Thema "Kind mit Schlagzeug" ist hier einschließlich der ersten Begegnung mit "Tönen" auf Stabspielen in gesondertem Kapitel behandelt.

Während der ersten Musikstunden sollte ein genaues Tönefinden, wobei es ein "Falsch und Richtig" gibt, noch nicht versucht werden. Die freien und fantasieanregenden Spiele müssen vorherrschen, damit sich kein Angstkomplex in Verbindung mit Musik entwickelt. Erst in späteren Jahren tut es den meisten Kindern gut, daß sie unter anderem mit sehr bestimmten Aufgaben gefordert werden.

Wer vom Singen zum Spielen hinführt, wird wahrscheinlich von der bekannten "Rufterz" ausgehen. Für die Erweiterung des Spiel-Tonraums zu drei, vier und fünf Tönen gibt es mehrere gute Möglichkeiten. Sie sind in den letzten Abschnitten vom praktischen Teil des Buches behandelt. Wer Mut zum Experimentieren hat, möge für den Anfang auch anderen Tonfolgen als die hier empfohlenen, z. B. mit Halbtönen oder gar mit dem Tritonus, ausprobieren. Wichtig ist beim Tönespiel auf Instrumenten, wie schon erwähnt, daß man eine Zeitlang bei einer kleinen Tonauswahl bleibt, bis die Kinder sich darin auf dem Instrument sicher fühlen, und danach erst den Tonvorrat mit neuen Melodien der Tonfolgen erweitert.

Es ist einleuchtend, daß die musikalische Unterweisung von Vorschulkindern die Form von L e r n s p i e l e n annehmen sollte, wobei der Erwachsene, soweit es irgend geht, Spielpartner ist. Durch eine kreisförmige Sitzordnung findet die innere Situation zwischen Kindern und dem Erwachsenen, bei der eine Sonderstellung für den letzteren so gut wie möglich aufgehoben ist, ihre gemäße äußere Form. Diese Situation bietet den Kindern wenig Anlaß zur Aggression gegen den Erwachsenen und ebensowenig zu einer unechten, devoten "Artigkeit". Erzwungene Artigkeit entsteht u. a. bei Lehrstoffen und Tätigkeitsformen, die die Kinder ihrer Natur nach nicht interessieren. Beim echten "Spiel" dagegen stellen sich Kinder stark sachbezogen ein und gewinnen untereinander nicht weniger Kontakte als mit dem Erwachsenen. Dies ist besonders wichtig für Einzelkinder, die nicht die Vorteile eines Kindergartens nutzen können. Die Kinder der Gruppe bleiben nicht Fremde oder beängstigende "Masse", sondern sie werden zu Gefährten in einem Spiel ohne Willkür und Roheit.

Die praktischen Anweisungen in diesem Buch, die als "Lernspiele" oder "Spielregeln" bezeichnet werden können, entsprechen zum größten Teil den auf S. 5 aufgeführten Modellen kindlicher Spielsituation. Wetteifernde Spiele, wobei es z. B. auf Schnelligkeit oder andere vergleichbare Leistungen ankommt und wobei die Wenig-Leistenden in anhaltenden Nachteil geraten könnten, sind hier nicht vertreten, wohl aber einige Spielregeln, bei denen die Kinder durch sachlich-musikalische Konsequenzen ihres Spiels, die sich wie eine Belohnung auswirken, zu erhöhter Konzentration angestachelt werden, z. B. "Sesam, öffne dich!" mit Felsengerumpel oder "Glocke-Spielen" mit Auswinken.

Unter dem Gesetz einer von den Kindern verstandenen und anerkannten Spielregel trägt das gemeinsame Improvisieren Wesentliches zur Entwicklung des sozialen Verhaltens bei, und es kann eine Hilfe bedeuten auf dem Weg des Kindes aus dem "Paradiesdasein" heraus in die reale Außenwelt.

Hinter allen grundsätzlichen und praktischen Ausführungen dieses Buches steht als einer der ersten Leitgedanken:

Was macht den Kindern Spaß? Was befriedigt ihren Spiel- und Verwandlungstrieb, ihre sachliche Neugier, ihren Bewegungs- und Klangsinn, ihre Fantasie, ihren Ordnungssinn, ihre Kontaktfreudigkeit?

Wenn es wahr ist, daß die Natur ihre Geschöpfe im Wachstumsalter primär d a s gerne tun läßt, was sie für ihre allseitige Entwicklung brauchen, so wird der genannte Leitgedanke nicht gerade auf Irrwege führen. Darüber hinaus wollen wir nicht übersehen, daß kreative Tätigkeit im weitesten Sinn einen Grund legen kann auch für die Meisterung zukünftiger, noch nicht vorausschaubarer Lebensbedingungen, für die die Natur in uns niemanden vorbereiten kann.

Kind und Schlagzeug

Der Klang von Schlaginstrumenten wirkt auf Vorschulkinder faszinierend. Die "vitale" Faszination scheint hier — soweit man in diesem Punkt überhaupt objektiv Vergleiche stellen kann — stärker als die, die für diese Kinder von Melodieinstrumenten und vom traditionell gespielten Klavier ausgeht. Wenn diese Beobachtung von anderen experimentierenden und darin erfahrenen Erziehern bestätigt werden kann, rechtfertigt sie in der Musikerziehung für Vorschulkinder Ausgangspunkte, die am Umgang mit Klängen zum mindesten nicht weniger als am Umgang mit Tönen einer Tonleiter orientiert sind.

Das Schlagzeug bietet Klangfarben und Geräusche aller Art an und kann bei einer freien, nicht nur auf das Herkömmliche beschränkten Handhabung dazu anregen, auch in vielen Gebrauchsgegenständen reizvolle Klangquellen zu entdecken und mit manuellem Geschick nutzbar zu machen. (In diesem Punkt können Kinder unsere Lehrer sein.) Die Anwendung solcher Klangquellen wie Schüttelbüchsen, Joghurtbecher, Gummiringe zum Zupfen über größeren Büchsen, Staniolpapier zum Knattern usw., und selbstgebastelten Schlagzeugs braucht man nicht immer als Notbehelf zu betrachten.

Die Ausnutzung der dynamischen Möglichkeiten des Schlagzeugs bis zum Überlauten hin spielt bei größeren Kindern keine geringe Rolle. Bei Vorschulkindern ist dagegen das Bedürfnis nach Lautstärke im Durchschnitt noch gemäßigt. Die Qualität eines Klangs ist für die Kleinen ebenso interessant wie seine Quantität. Sehr häufig hält sich ein Vorschulkind die Ohren zu, wenn Pauken oder Metallinstrumente hart angeschlagen werden. Manche Kinder (und auch Erwachsene) bekommen sogar Kopfweh durch helle und laute Cymbel- oder Triangelschläge. Die Gehörsempfindlichkeit solcher Kinder müssen wir rechtzeitig erkennen und berücksichtigen, damit sich nicht Schäden und Unlust zur Musik einstellen.

Auch ohne diese Rücksichten sollten die Kinder nur selten aus Lust am "Krach" Schlaginstrumente benutzen; denn das bedeutet das Ende allen Hinhörens und Reagierens. Eine gute Funktion hat vitales und lautes Schlagzeugspiel allerdings als Ventil für aufgestautes Temperament oder Aggressionen. Wie auch hierfür eine geordnete Form gefunden werden kann, die zugleich zu dynamischer Differenzierung und zum Hinhören führt, zeigen die Spielregeln "Lärmphasen" und "Tutti-Solo" in diesem Buch.

Die Begegnung des Kindes mit dem Schlagzeug ist ihrer Natur nach nicht nur ein klangliches sondern auch ein tänzerisches Erlebnis; es s o l l t e das letztere zum mindesten auch sein. Ähnlich wie der Klang der Tanzschritte und -sprünge, der Tänzerrufe und der klatschenden Hände die Tanzenden selbst in der Bewegung anfeuert, so animiert der Klang von Cymbeln und Becken, Pauken und Schellentrommeln den Spielenden selbst zu federnder, schwingender Bewegung der Arme, die wiederum dem Klangergebnis zugute kommt. Das Erlebnis des Klangs weckt beim Spieler, wenn er sich dem Spiel ganz hingibt, eine Bewegungsreaktion, und die in diesem Sinn reaktive Bewegung wird, ob bei Großen oder Kleinen, bedeutend lockerer und lustbetonter ausfallen als ein vorsichtiges Versuchen nach technischen Anweisungen. Bei Kindern zwischen drei und fünf Jahren können darum Unbefangenheit, Bewegungssinn und Klangfreude in spielerischer Übung technische Anweisungen zum größten Teil ersetzen, was bei Kindern von der Vorpubertät an, bei Jugendlichen und Erwachsenen, deren Bewegungsinstinkt und Klangsinn meist schon verkümmert sind, nicht mehr zutrifft. Bei Vorschulkindern kann man mit Versuchen, Spielbewegungen bewußt zu machen, mehr stören als helfen. Dagegen wird eine häufige Verbindung von Bewegung – Gehen, Laufen, Tanzen – mit leichtem Schlagzeugspiel die Spielbewegung deutlich lockern. N ö t i g ist auch das gute Beispiel der Leiterin durch lockeres sachgemäßes Schlagzeugspiel, denn die Kinder übernehmen unbewußt Tugenden und Untugenden der Großen.

In ganz entscheidendem Maße löst das d a r s t e l l e n d e Spiel die Kinder seelisch und damit auch in der Spielbewegung. Um ein Beispiel zu nennen: Man läßt die Kinder erst eine Eiche, dann eine Trauerweide mimisch darstellen. Bei der Eiche werden Arme und Finger starr und verkrümmt emporgestreckt – bei der Trauerweide hängen die Arme lose herunter und "wehen" leicht im Wind. "Mit was für Armen kann man besser Musik machen, mit Eichen- oder mit Weidenarmen?" Eine kleine Erinnerung an die "Weidenarme" kann die Spielbewegung später oft lockern. Beim Schlagzeugspiel sind die Kinder besonders locker, wenn sie Tierschritte darstellen.

Instrumente, die man nicht in der Hand hält, wie Pauken und Stabspiele, sollen bequem erreichbar – nicht seitlich, nicht zu hoch und nicht zu tief – vor den Kindern stehen. Wo geeignete Tische fehlen, können Glockenspiele auf Pauken oder Negertrommeln gestellt werden. Es darf von der Stellung der Instrumente aus kein Hindernis bestehen, daß ein Kind von vornherein mit beiden Händen spielt und sie beim Stabspiel bequem über die Mitte der Stäbe halten kann. Solange man nur mit einer Hand spielt, ist die "Person" noch nicht am Instrument.

Beim Paukespielen mit "Fingerschlag" und bei einem schnelleren Spiel auf Stabspielen sollen die Arme sich weich nachgebend, also nur passiv bewegen; aktiv sind hierbei a l l e i n die Hände, die "Winkbewegungen" aus dem Handgelenk von oben nach unten ausführen. "Die Hände gucken nach unten". Größere Kinder und Erwachsene aktivieren meist ihre Unterarme auch bei schnellen Schlagfolgen und bleiben darum steif und im Tempo behindert, ehe sie die Winkbewegung gelernt haben. Drei- bis Vierjährige pflegen dagegen ganz instinktiv die Winkbewegung anzuwenden. Wenn Kinder steif auf die Pauke schlagen, können wir wieder mit einer Darstellung oder Assoziation helfen: "Wie bettelt ein junger Hund mit seinen weichen Pfoten?" Die Kinder heben die Arme hoch und lassen die Hände schlingernd "betteln". Dann muß man vielleicht noch vormachen, wie die Hände nicht beide zugleich sondern abwechselnd auf- und abgehen. Danach sollen die bettelnden Arme langsam sinken, bis sie – unabsichtlich – auf die Pauke schlagen. Diese kleine Übung ist eine wirksame Vorbereitung auf das unbewußte Aneignen der Winkbewegung, auch wenn sie nicht gleich nach dem ersten Mal a l l e Steifheit aufhebt.

Wie schon erwähnt, ist mit dem abwechselnden Schlagen der Hände beim Paukenspiel der "Fingerschlag" gemeint, den die Großen aus klanglichen Gründen mit geraden zusammenliegenden Fingern am Fellrand ausführen. Die Kinder gelangen allmählich von selbst etwa zu dieser Anschlagsart, wenn sie entsprechend vorgemacht wird und wenn nicht gerade aus Gründen einer Darstellung eine ganz andere Bewegung gebraucht wird. Der "Daumenschlag" auf der Pauke ist schwieriger; es ist nicht nötig, Vorschulkindern diese Anschlagsart in den ersten Übungsmonaten zu zeigen, wenn sie sie nicht zufällig selbst entdecken.

In der Rhythmus-Übung S. 19/20 bedeutet das Spiel auf dem Fell zunächst eine Darstellung, nämlich, wie die einzelnen Tiere sich fortbewegen. Hierbei lassen die Kinder natürlich den Elefanten schwerfällig mit der ganzen Hand auf dem Fell "trampeln", den Tiger "schleichen", den Vogel auf Fingerspitzen über das Fell hüpfen. Das hat nichts mit der herkömmlichen Schlagzeugtechnik zu tun und soll es auch nicht. Aber es regt die Kinder in ihrer Klang- und Bewegungsfantasie an und sensibilisiert die Beweglichkeit ihrer Finger.

Die Beobachtung, an welchen Schlagstellen und mit welcher Anschlagsart das Fell am meisten "nachbrummt", also Resonanz hat, kann s p ä t e r bewußt gemacht werden. Bei dieser Gelegenheit kann man den Kindern auch endgültig abgewöhnen, mit beiden Händen zugleich auf das Fell zu schlagen.

Besonders verlockend ist es, die Pauke mit Schlegeln zu spielen, u. a. weil man dann auch mit zwei oder drei Pauken abwechselnd spielen kann. Bei den Anfängern muß man darauf achten, daß nur die echten flauschigen Paukenschlegel genommen werden und nicht die Art Filzschlegel, die man für Sopranxylophone und dergl. benutzt, oder gar Schlegel mit Hartgummi- oder Holzkopf! Die Kinder sollen wissen, daß das Fell von Pauken und Handtrommeln "Haut" ist, und "Haut tut weh", wenn man mit etwas Hartem darauf schlägt. Die nicht verwendbaren Schlegel räumt man am besten ganz fort, wenn mit Fell gespielt wird. Diese Vorsichtsmaßnahmen sind bei anfangenden Kindern dringend notwendig, wenn die Felle heilbleiben und ihre Klangqualität nicht leiden soll. Wenn die Kinder in der Behandlung der Instrumente erst etwas Vernunft angenommen haben, kann man zum Entdecken besonderer Klangwirkungen schon mehr wagen, u. a. um ein Hell-Dunkel-Spiel auf einem Instrument zu ermöglichen.[1] Die Kinder lassen vielleicht einen Hartgummischlegel leicht federnd mit dem Kopf auf dem Fell trudeln, oder sie legen eine Kette oder ein Bambusstäbchen auf die Mitte der Pauke und lassen diese durch Schlagen des Fells zu beiden Seiten klirren und tanzen. Bei l e i s e m Aufschlag der härteren Gegenstände ist dies ganz ungefährlich. In diesem Sinn ist auch der Vorschlag, eine kleine Cymbel und einen kleinen Hartgummischlegel auf dem Fell zu benutzen, zu verstehen.[2]

Unter den Fellinstrumenten hat die Schellentrommel eine Sonderrolle. Sie klingt aufreizend und eignet sich besonders gut für Rhythmen zu Bewegung und Tanz. Im übrigen verwende man sie sparsam, weil sie, ähnlich wie Cymbeln, das Ohr ermüden kann.

---

1 Siehe S. 57 unten
2 Siehe S. 22 C 1

Sinngemäßen Umgang mit Metallinstrumenten, also Cymbeln, Becken, Triangeln und Gongs können die Kinder sehr bald durch Beobachtung und Ausprobieren lernen. Man hängt z. B. ein Becken, eine größere und eine kleinere Cymbel an Ständern auf und läßt probieren — oder auch raten — mit welcher Art Schlegel jedes dieser Instrumente am besten angeschlagen wird. Beim Becken lohnt es auch zu beobachten, w o es am vollsten klingt: durch Anschlag mehr in der Mitte oder am Rand?

Bei der Darstellung des Liedes "Nebel, Nebel"[3] sollte jedes Kind, das drankommt, erst seine "Sonne" ausprobieren, bevor ein Spiel beginnt. Bei Kindern, die aus Mutwillen hart auf Cymbeln und Becken schlagen, erreicht man sicherlich mehr, wenn man sie durch Rateübungen und Anschlagsversuche[4] für den Metallklang sensibler macht, als wenn man ihnen das Instrument einfach entzieht.

Holzinstrumente sind wenig problematisch in der Handhabung, wenn man von der Holzröhrentrommel absieht. Diese sollte man kleineren Kindern allerdings nur dann überlassen, wenn sie über weichem Teppich oder Grasboden spielen. Eine Röhrentrommel reißt gewöhnlich beim ersten Fall und scheppert von da an.

Die paarweisen Klanghölzer können die Kinder zunächst wie zwei "Stöckchen" anfassen. Später sollten sie lernen, das eine Holz auf die nach oben gerichtete linke Faust zu legen und mit dem andern quer darauf zu schlagen, wodurch schon ein klarerer Klang entsteht. Die "beste" Anschlagsart mit hohler Hand als Resonanzkörper und genau abgehorchten Griff- und Schlagstellen ist viel zu kompliziert für diese Kinder.

Das Musizieren auf S t a b s p i e l e n wird innerhalb der Lektionen sicherlich breiten Raum einnehmen. Es wäre ein Jammer, wenn diese reizvoll klingenden Instrumente nur dazu dienen sollten, daß die Kinder bestimmte vorgesungene oder "vorgeschriebene" Töne und Lieder oder angelernte zweistimmige Klänge darauf spielen. Nicht Tonleiterspiel oder ängstliches Aufsuchen von bestimmten Tönen dürfen hier Ausgangspunkt sein, sondern ein spielerisches Gestalten aus tänzerischer Bewegung der Arme heraus, wobei es nicht erkennbar ist, ob der Bewegungstrieb oder melodische Vorstellungen (zwei nicht ganz wesensverschiedene Dinge!) das Spiel des Kindes leiten. Auf diese Weise kann man dem Kind gleich einen großen Tonvorrat überlassen . Später, beim "Einprägen" bestimmter Töne, kann wieder die Verbindung mit einer Darstellung zu Konzentration und Erfolg verhelfen.[5] Zu Beginn vom "Spiel mit Tönen" ist eine bei Kindern sehr beliebte Musizierform auf Stabspielen, das "Glocke-Spielen", beschrieben. Dieses Spiel sollte die allererste Begegnung mit Stabspielen bedeuten. Beide Arme sind sofort im Spiel, die Vorstellung des schwingenden Glockenschwengels macht Arme und Schultern locker; die Erlaubnis, alles zu spielen, was den Händen einfällt, gibt der Fantasie freie Bahn. Bei Kindern, die trotzdem noch steife Arme machen — es sind die, die "richtig" und immer genau das Gleiche spielen wollen — hilft oft die Frage, ob ihre Glockenschwengel wohl ein wenig eingerostet sind? Solchen Kindern muß man gelegentlich auch versichern, daß man sich vor dem Spielen gar nicht zu besinnen braucht, weil ja "die H ä n d e die Glockenmusik erfinden."

Vom Glocke-Spielen ausgehend werden noch verschiedene andere Spielregeln und Übungen mit Stabspielen angeschlossen, die immer näher an das bewußte Auffinden von Tönen heranbringen, so daß schließlich auch das Aufsuchen bestimmter Tonfolgen die Unbefangenheit nicht zerstört.

---

3 Siehe S. 19
4 Siehe S. 23, 33, 42
5 Siehe S. 45

Die gute, durch das "Glocke-Spielen" erworbene Gewohnheit, entweder abwechselnd oder zugleich, aber immer mit b e i d e n Händen zu spielen, soll den Kindern beim Spielen von Melodien nicht verlorengehen. Über die Verteilung der Schläge auf die rechte oder linke Hand mache man den Kindern keine Vorschriften; sie lernen am besten durch Ausprobieren, wie es ihnen gemäß ist.

Aus reiner Klangfreude wischen die Kinder mit dem Schlegel gerne q u e r über die Stabspiele. Das ist weder "falsch" noch "häßlich", im Gegenteil! Man muß nur Gelegenheiten bieten, wo dieser reizvolle, an Wasser erinnernde Klang in eine Spielregel oder eine Darstellung hineinpaßt (siehe S. 51, 60).

Die Entdeckung der vielen Möglichkeiten, aus den Instrumenten unerwartete Klänge hervorzuzaubern, kann weitgehend den Kindern überlassen bleiben. Wichtig ist nur, daß jeweils ein A n l a ß dafür besteht. Oft macht ein Kind gerade dann eine originelle Klangentdeckung, wenn es damit den Ablauf des Musizierens oder die Erklärung der Leiterin stört. Dann muß man dafür sorgen, daß es diese Dinge nicht im unrechten Augenblick fortsetzt. "Das darfst du uns n a c h h e r einmal ganz alleine vormachen". Grundsätzlich sollte man Klangentdeckungen der Kinder immer anerkennen, ihre Freude daran teilen und sie durch Darstellungen bestimmter Situationen oder Wesen dazu anregen.[6]

Bei der Durchführung der in diesem Buch beschriebenen Musizierformen wird mit Vorschulkindern wohl nie das Problem auftreten: Wird den Kindern etwas einfallen? Das Hauptproblem bei Kindern am Schlagzeug ist vielmehr: Wie hüte ich die Instrumente vor Mißhandlung und Schaden? Solange eine Leiterin ihre Kindergruppe nicht ganz in der Gewalt hat, sollte sie mit ihr vor allem singen, klatschen und patschen und an Instrumenten nur die haltbarsten wie Negertrommeln und Holzblocktrommeln, Cymbeln und Schellenringe einbeziehen.

Die nötigen Vorkenntnisse für die hier beschriebene Arbeit

Das Buch richtet sich an Privat- und Jugendmusikschullehrer, an Kindergärtnerinnen, an Eltern, die mit ihren Kindern und deren kleinen Freunden auf einfachster Stufe musizieren möchten, und an Grundschullehrer. Die hier Angesprochenen gehen unter sehr verschiedenen Voraussetzungen an das Musizieren mit kleineren Kindern heran.

Musiklehrer und Schullehrer mit dem Fach Musik werden mit allen hier verwendeten musikalischen Begriffen vertraut und im Singen und Instrumentalspiel geübt sein. Ihnen könnte es jedoch schwer fallen, sich auf das Vorschulalter so einzustellen, daß sie die Kinder nicht überfordern und nicht zu deutlich "belehren" wollen. Nicht Reden, sondern Tun ist hier das Nötigste, nicht "Lehren", sondern musikalisches "Nähren"! Im Umgang mit Vorschulkindern müssen wir vieles an Wissen und Können "vergessen"; durch eigene Erfahrung in gemeinsamer Improvisation sollte man an sich selbst erleben, was unbefangenes S p i e l ohne Noten bedeutet.

Die Kindergärtnerinnen werden kaum falsche Erwartungen an die Konzentration und die musikalische Leistungsfähigkeit der Vorschulkinder stellen. Sie werden sich aber vielleicht, soweit sie nicht selbst von Haus aus musizieren, im Singen und Spielen unsicher fühlen und sich nicht immer zutrauen, die in diesem Buch enthaltenen musikalischen Lernspiele anzuführen. Dies kann auch für musikalisch nicht vorgebildete Grundschullehrer zutreffen. Ihnen allen soll zunächst versichert werden, daß das "traditionelle" Musizieren nach Noten an sich für die musikalischen Aufgaben, um die es sich hier handelt, kaum eine Vorbereitung bedeutet. Was sie dagegen brauchen, ist:

---

6 Siehe u. a. Knusper-Knäuschen S. 38

etwas Stimmbildung und ein Grundwissen um die Behandlung der Kinderstimme,
eine angemessene Ausbildung in der Rhythmik (als Bewegungslehre),
Erfahrenheit mit Orffinstrumenten,
Sicherheit im Erfinden und Nachspielen e i n f a c h s t e r Rhythmen und kindlicher Melodien aus wenig Tönen auf Orffinstrumenten bzw. einfachen Melodieinstrumenten.[7]
Soweit man dies nicht in der Ausbildung mitbekommen hat, läßt es sich sicher durch Teilnahme an Lehrgängen für diese Gebiete nachholen. Durch eigene Übung in der Gruppenimprovisation werden die zuletzt genannten Dinge bald zur Selbstverständlichkeit.
Die Mütter haben den Vorzug, daß sie durch Beobachtung der meist unbewußten musikalischen Eigentätigkeit ihrer Kinder die notwendigen "Naturstudien" machen können und lebendige Anknüpfungspunkte wissen, von denen sie beim musikalischen Spiel ausgehen können. Auch sie müssen sich für das Musizieren mit Vorschulkindern im elementarsten rhythmischen Zusammenspiel und im Spiel nach dem Gehör auf Stabspielen und dem eigenen Melodieinstrument üben und — möglichst unter Anleitung — lernen, improvisatorisch mit Klangzeug und dem Orffinstrumentarium umzugehen.

Zum praktischen Gebrauch der Übungen und Lernspiele

Die Hauptkonzentration richtet sich in diesem Buch auf das improvisatorische Spiel mit Instrumenten, wofür es bis jetzt noch wenig methodisch geordnete Anregungen für Kinder gibt. Gemessen an dem, was Vorschulkinder für ihre musikalische Gesamtentwicklung brauchen, kommt das Singen hier sicherlich etwas zu kurz; darum sollte man die vorhandenen Anregungen mit Singen bekannter und neuer Kinderlieder ergänzen. Die in den letzten Abschnitten unter "Spiel mit Tönen" angegebenen Lieder sind unter dem Gesichtspunkt d e r l e i c h t e n S p i e l b a r k e i t nach dem Gehör durch Einschränkung des Tonraums zusammengestellt und sollen nicht etwa den einzigen Liedstoff für das betreffende Kindesalter bedeuten.

Es wäre zu wünschen, daß diejenigen, die besonders an vokaler Arbeit mit Kindern interessiert sind, hierfür auch im Umgang mit Klängen und Geräuschen, analog zu den hier gemachten Vorschlägen instrumentaler Art, auf Ideen kämen.[8]

Die praktischen Spielanweisungen sind in größere Abschnitte eingeteilt, von denen die ersten fünf jeweils Stoff für acht bis zehn Musiklektionen bieten. Der sechste Abschnitt stellt mehr eine Überschau für die Weiterarbeit von unbestimmter Dauer dar, etwa bis ins zweite Schuljahr hinein.

Die methodischen Anweisungen müssen sicherlich oft nach den jeweiligen räumlichen und instrumentalen Möglichkeiten modifiziert werden. Wo nicht alle Kinder gleichzeitig ein Schlagzeug in die Hand bekommen können, werden vielleicht Tische (kleine umgekehrte Schubladen und Kochtöpfe) als Ersatzinstrumente mit Hand, Schlegel oder Hölzchen angeschlagen. Wünschenswert wäre es jedoch, daß die Kinder das Spiel mit Fellinstrumenten kennenlernen.

Für das Spiel auf Instrumenten bzw. für Lektionen, in denen das Instrumentalspiel eine größere Rolle spielt, sollten Vorschulgruppen aus h ö c h s t e n s acht Kindern bestehen. Bei einer größeren Gruppe könnte man auf die einzelnen Kinder nicht so eingehen, wie sie es in dem Alter für das Instrumentalspiel brauchen. Die Bewegungsspiele und einzelne Spielregeln mit Instrumenten sind allerdings für größere Gruppen gedacht bzw. in großer

---

[7] Wer für das Musizieren zur Bewegung bestehende Tanzmelodien sucht, findet eine reiche Auswahl in den Heften "Europäische Tänze" (Möseler Verlag). Für Kinder besonders zu empfehlen: Frankreich, Irland, Jugoslawien.
[8] In diesem Zusammenhang machen wir auf folgende Veröffentlichungen aufmerksam: Gertrud Meyer-Denkmann: "Klangexperimente und Gestaltungsversuche im Kindesalter" (UE Rote Reihe Nr. 11) — Michael Vetter: "Informationen" — eine Musikstunde für bis zu zehn Kindern (Platte und Notation. Klettverlag).

Gruppe ebensogut wie in kleiner verwendbar. Die betr. Spielregeln haben bei der ersten Überschrift den Vermerk "für große Gruppen" oder "auch für große Gruppen".

Eine aus Singen und Instrumentalspiel bestehende Musiklektion kann mit Vier- bis Fünfjährigen bis zu 35 Minuten dauern; wenn Bewegungsspiele einbezogen werden, halten Kinder ab fünf Jahren auch etwas länger durch.

Der A u f b a u einer "vollständigen" Musiklektion besteht am besten aus einer Anordnung von:
1. Bewegung, dazu Singen mit Darstellung,
2. Rhythmische Übungen auf Schlagzeug und Umgang mit Klangzeug,
3. Spiel mit Tönen, z. T. in Verbindung mit Singen.

Für die Ruhe und Ordnung des Ablaufs wirkt es sich sehr günstig aus, wenn man jede Lektion in gleicher Folge der Hauptgebiete ablaufen läßt. Am Schluß kann nach Belieben noch ein Darstellungsspiel gemacht werden.

So oft es sich zwanglos ergibt, sollte man eine Lektion unter ein bestimmtes Thema stellen, das den Kindern lebendige Vorstellungen gibt. In dieses Thema müßten dann die ververschiedenen Bereiche Rhythmus, Klang usw. praktisch eingegliedert werden, z. B.:

Ein Frühlingsspaziergang:
Es regnet. Singen: "Regen-Regentröpfchen..." und regnen mit den Fingern auf Fell.
Der Wind bläst die Wolken fort.
Ein Mann macht sich auf den Weg und muß durch viele Pfützen patschen: "bum, bum, pitsch" (Trommelschlagen und klatschen).
Er kommt an Blumen vorbei, die sich im Winde wiegen.
Singen: Blümchen am Wege, Blümchen am Stege,
    Blümchen blüh blüh, Frühling ist hie.
Dazu die Wiegebewegung der Blumen im ruhigen Takt des Liedes; das Wiegen evtl. auf die Stabspiele übertragen.
Die Vögel singen (Stabspiele, Flöten).
Singen eines Kuckucksliedes.

Sicher ist Ähnliches auch mit Ausschnitten aus Märchen, mit einem "Besuch des Nikolas", mit "Jahrmarkt", "Fasching" u. ä. auch in Verbindung mit darstellendem Spiel, möglich.

Es gibt aber nicht viele Themen, unter denen man musikalische Übung in verschiedenen Bereichen zusammenfassen kann, und wenn man es gewaltsam versucht, geschieht dies leicht auf Kosten von ordnenden Spielregeln und der Konzentration auf musikalische Vorgänge.

Bei keinem der genannten Gebiete sollte man innerhalb einer Lektion zu lange verweilen. Reines Rhythmusspiel läßt die Kinder seelisch leerlaufen, und das Spiel mit Tönen fordert Konzentration und kann leicht ermüden. Am meisten bewähren sich Lernspiele und "Darstellungen", in denen mehrere Einzelgebiete zu einem Gesamtvorgang vereinigt werden. Man braucht also für jede Lektion ein bis zwei Aufgaben aus fast jedem der verschiedenen Kapitel ("Bewegung", "Rhythmus" usw.). Die Aufgaben sollten so gewählt sein, daß in jeder Lektion einiges wiederholt und einiges weiterentwickelt oder neu begonnen wird.

Bei der Planung der Musiklektionen ist eine Unterscheidung notwendig zwischen den grundlegenden, durch das ganze Buch progressiv weitergeführten Spielregelfolgen, die das G e r ü s t bilden, und den "S p i e l i d e e n", die eine anregende Ergänzung bedeuten.

Zum Gerüst gehören vor allem die Spielregeln unter den Titeln:
"Die Füße hören die Musik" – "Die Hände laufen" (in langfristiger Abwechslung mit: "Die Pauke spricht") – "Auto-Spielen" (in langfristiger Abwechslung mit: "Lärmpha-

sen") – "Glocke-Spielen" – später auch: "Rufe und Singverse" und "Das Gegenüberspiel". (Die genannten Spielregelfolgen sollten in fast jeder Lektion fortgesetzt werden; zusätzlich findet sicherlich noch mindestens eine für das Stadium der Gruppe passende "Spielidee" ihre Zeit. Die Inhalte der nicht zum "Gerüst" gehörenden Lernspiele wechseln natürlich ab; doch sollte man jede einmal begonnene Spielregelfolge, wie "Verzaubern durch Instrumente", in drei bis vier Lektionen hintereinander durchziehen, ehe stattdessen etwas Neues kommt.

Der Grundschullehrer nutze in diesem Buch eine Methodik, durch die die musikalischen Anlagen der Schulanfänger in ihrer Fülle aufgegriffen und in unbefangenem Spiel ohne Noten doch zielstrebig und geordnet entwickelt werden können. Da er mit Sechs- und Siebenjährigen beginnt, wird er die ersten Abschnitte nur verwerten, soweit sie als Hinführung zum dritten Abschnitt dienen. Vom dritten Abschnitt des Buches an läßt sich sicherlich das meiste, gegebenenfalls mit kleinen Abänderungen für die Klassenpraxis, auch für Kinder des ersten Schuljahrs verwenden; denn in einer größeren ersten Klasse kann man kaum höhere Ansprüche stellen als in einer k l e i n e r e n Gruppe von Fünf- bis Sechsjährigen.

Wo sich Schlaginstrumente in der Hand von Kindern befinden, ist die Disziplin erfahrungsgemäß ein besonderes Problem. Darum seien hier einige Ratschläge allgemeiner Art vorangeschickt, die einem geordneten Ablauf der Musizierstunde dienen sollen.

1.) Schaffe eine kreisförmige Sitzordnung und vermeide die Gegenüberstellung vom Leiter auf der einen "Front" und einer unter sich offiziell kontaktlosen Kindergruppe auf der anderen Front, die dann gerne illegale Kontakte untereinander aufnimmt. Bedenke die Kinder der Reihe nach mit Führungsaufgaben, die ihr Selbstbewußtsein und ihr Entscheidungsvermögen fördern.

2.) Führe in der e r s t e n Musikstunde mit einer neuen Gruppe ein bestimmtes Schweigesignal ein, z. B. durch Cymbelschlag, und sorge für seine strikte und konsequente Einhaltung während aller folgenden Musikstunden! Nur so kannst du mit lebhaften Kindern Disziplin halten und ihnen sogar gelegentlich ein kurzes Sich-Austoben auf den Instrumenten erlauben – und das ist nötig! –, ohne daß danach alles drunter und drüber geht.

3.) Erfülle den Sinn einer Spielregel als Basis eines längeren, rein musikalischen Ablaufs, der vorher vereinbart und dann o h n e Sprechen und ohne Unterbrechung durchgeführt wird! Bei den in diesem Buch beschriebenen Spielregeln wird der Ablauf nur durch Klang-, Blick- oder Bewegungssignale beeinflußt, nicht durch Anruf oder gesprochene Kommandos. Die Sprache hat ihren eigenen Klang und Rhythmus und bedeutet darum für ein Musizieren in der beschriebenen Art, das aus Hören, Reagieren und Gestalten besteht, eine erhebliche Störung.

Auch Lob, Ermutigung oder Ermahnung sollte man w ä h r e n d eines musikalischen Ablaufs höchstens mit Blicken ausdrücken. Es ist sowieso nicht unbedenklich, ein Vorschulkind bei oder nach dem Musizieren auf einen "Fehler" aufmerksam zu machen; denn dies kann dem Kind Mut und Unbefangenheit rauben. Ehe man Mißglücktes bewußt zu verbessern versucht, beobachte man, wie oft sich die kleinen Versager von selbst durch wortloses Wiederholen oder durch Variieren eines Vorgangs in die Aufgabe hineinfinden. (Die von früher her bekannte schreckliche Gewohnheit lauten Zählens beim Musizieren dürfte endgültig der Vergangenheit angehören!)

Der Sinn dieses Buches besteht zum größten Teil darin, daß die Kinder s e l b s t ä n d i g werden sollen im Hören, Erfinden, Sich-Einordnen und im Ergreifen der Initiative. Darum ist es n o t w e n d i g, daß wir Lehrer und Erzieher a l l e a l t e n G e w o h n h e i t e n d e r B e e i n f l u s s u n g durch Dirigieren, Einsatzgeben, Vormachen bis auf das Minimum, das sachlich unentbehrlich bleibt, a b b a u e n! Das fordert zunächst viel Selbstbeherrschung vom Erwachsenen. In den Spielregeln ist jeweils klar zum Ausdruck gebracht worden, wo der Erwachsene selbst etwas vormachen oder Einsätze geben soll und wo nicht. Nur wenn diese Ratschläge beachtet werden, kann sich der Sinn dieses Buches erfüllen.

Praktische Übungen und Lernspiele

I. ABSCHNITT

I BEWEGUNG

A) D i e F ü ß e h ö r e n d i e M u s i k

1. Aufgabe: *Karussell spielen*   (Spielidee)

Leiterin und Kinder spielen miteinander "Karussell": Die Kinder stehen hintereinander im Kreis und bilden so den Außenring des Karussells mit seinen Sitzen aus Pferden, Autos, Elefanten usw. Die Spielerin steht mit ihrem Instrument in der Mitte oder, wenn der Platz nicht ausreicht, außerhalb des Kreises. Ein Kind steht abseits und gibt mit einer Glocke (oder Cymbel) ein lautes Signal.

Nun beginnt, zunächst g a n z l a n g s a m, die Musik in Form einer einfachen kleinen Melodie aus drei bis fünf Tönen, die immer wiederkehrt, vielleicht auch im Lauf des Spiels variiert wird. Das Karussell läuft an, d. h. die Kinder gehen sehr langsam los. Ganz allmählich werden Musik und Kinderschritte schneller. Beide, Musik und Kinder kommen ins Laufen und laufen immer schneller, so lange, bis die Musik wieder langsamer wird. Dann kommen Musik und Kinder immer mehr zur Ruhe und stehen schließlich still. Jetzt tauscht der Signalspieler, der abseits stand, mit irgendeinem Kind im Kreis den Platz, gibt ihm die Glocke, und mit einem Zeichen vom neuen Signalspieler beginnt das Spiel von neuem. Rufe wie "Aussteigen" und "Einsteigen" sind natürlich nicht verboten. Daß die Kinder im Takt der Melodie gehen und laufen, wird dabei nicht gefordert.

2. Aufgabe

Die Leiterin spielt auf Flöte oder Geige (Tasteninstrument, Xylophon) eine zügige Melodie mit dem für die Kindergruppe natürlichen Gehschritt-Tempo als Metrum. Wenn kein Instrument mit Tönen verwendet werden kann, wird auf dem Tambourin oder der Schellentrommel ein rhythmischer Ablauf mit dem Grundschlag von Kinderschritten geschlagen, aus dem die Kinder ihr Gehtempo deutlich erkennen können.

Die Kinder gehen dazu hintereinander im Kreis oder als Kette. Die Spielerin behält die Schritte der Kinder dauernd im Auge und richtet sich weiter nach deren Durchschnittstempo. Die Kinder sollen ihrerseits beim Gehen auf die Musik achten: "Die Füße hören die Musik". Diese Erklärung für ein "im Takt gehen" genügt fürs erste. Richten sich die Kinder offensichtlich gar nicht nach der Musik, so hört die Spielerin einen Augenblick auf und beginnt dann von neuem mit deutlicher Rhythmisierung ihres Spiels. Zunächst erklärt sie,

warum die Musik aufgehört hat; später wissen es die Kinder und werden durch die plötzliche Musikpause besser ermahnt als durch "unmusikalische" Zwischenrufe der Leiterin.
Ein Kind, das seine Schritte schon gut nach der Musik richten kann, darf sich einmal dicht neben die Spielerin stellen und mit der Schellentrommel das Schritt-Tempo zur Musik schlagen, während die andern Kinder gehen.

3. Aufgabe

Die Spielerin ändert a l l m ä h l i c h das Tempo, und die Kinder sollen ihren Schritt allmählich mitändern. Die Verlangsamung darf nur gering sein, da das Langsam-Gehen für Kinder sehr schwer ist. Dagegen kann man die Beschleunigung so weit treiben, daß die Kinder anfangen zu laufen. Im Gegensatz zum Karussellspiel sollen sie nun versuchen, immer im "Schritt" der Musik zu bleiben. Vom Laufen vorsichtig ins Gehen zurückführen!
Für ein Kind, das die Trommel zur Musik schlägt, ist der Tempowechsel nicht leicht. Zum Ausruhen können alle Kinder eine Weile im Stehen zur Musik mit veränderlichem Tempo klatschen.

4. Aufgabe

Eine bestimmte ziemlich kurze Melodie (oder notfalls ein bestimmter rhythmischer Ablauf mit markanten genau wiederkehrenden Schlußschlägen) wird, mit kleinen Pausen nach dem jeweiligen Schluß, immer wieder gespielt; die Kinder sollen jedesmal am Schluß stehen bleiben. Allmählich sollen die Kinder das Ende des Ablaufs so sicher voraushören, daß sie rechtzeitig bremsen und versuchen, den letzten Schritt mit dem letzten Ton der Musik zugleich zu machen. Wenn die Musik von neuem beginnt, sollen die Kinder sich gleich wieder in Bewegung setzen.

Verzaubern durch Instrumente

1. Aufgabe
Die Leiterin sagt, daß sie jetzt ein Instrument nimmt, das die Kinder verzaubern wird – in eine Puppe oder ein Tier oder noch etwas anderes? Sie gibt dann eine längere Schlagfolge mit einem Holzinstrument und sieht zu, wie die Kinder sich verwandeln. Nachher erzählen die Kinder, in was sie verwandelt worden sind: in eine Holzpuppe, in ein Wichtelmännchen?
Bei der Holzpuppe sollen sich nicht nur die Beine, sondern auch Arme und Kopf entsprechend bewegen, nach Belieben tun es einige Kinder n u r mit den Beinen, den Armen oder dem Kopf, dann sollten sie abwechselnd eine Weile dies und eine Weile das bewegen. Die einzelnen Kinder führen auch selbst die Verzauberung durch Schläge auf ein Holzinstrument herbei.

2. Aufgabe

Die Leiterin macht eine Reihe von Holzschlägen, pausiert dann deutlich und schlägt von neuem eine Reihe, die aber nicht die gleiche Länge wie die erste hat. Bei den Pausen hört der Zauber auf. Die Kinder stehen sofort still und setzen sich erst bei Neubeginn der Schläge wieder in Bewegung. Auch dieses Verzaubern mit Pausen kann von den einzelnen Kindern angeführt werden. Man kann in einem Spielvorgang auch je zwei Kinder anführen lassen, die abwechselnd je eine Schlagreihe spielen. Die anführenden Kinder sollen nicht vergessen, die Holzpuppen durch verschieden lange Schlagreihen und Pausen zu necken!

B) Singen mit Darstellung

Männchen, Männchen, geig einmal (auch für große Gruppen)

1. Aufgabe

"Männchen, Männchen, geig einmal,
Friedel will mal tanzen,
hat ein rotes Röckchen an,
ringsherum mit Fransen."

Das Lied wird nach obigem melodischen Modell gesungen. Dazu stehen die Kinder im Kreis und klatschen. Am Ende des Liedes hört das Klatschen auf, und die Kinder dürfen wirklich "tanzen", indem sie auf der Stelle hüpfen und sich drehen, wie sie wollen. Beim Hüpfen wechselt die Fußstellung am besten ab zwischen rechts vorne und links vorne oder auch zwischen engem und weitem seitlichen Abstand. Zum Tanzen spielt die Leiterin direkt anschließend an das Lied eine Melodie oder einen rhythmischen Verlauf, die in ihrem Charakter zum Tanzen verlocken. Diese Tanzmusik kann die gleiche Länge wie die Liedmelodie haben bzw. halb so lang sein und gleich wiederholt werden. Der Tanzschritt der Kinder und die Musik sollen wieder möglichst im Metrum übereinstimmen.

Nach dem Tanz folgt sofort das gesungene Lied zum Klatschen, danach anschließend der Tanz usw.

Manche Kinder geben sich beim Tanzen allzuviel Mühe und spreizen die Beine nach vorn und hinten zu weit auseinander. Die Leiterin kann ihnen helfen, wenn sie sagt: "Tu mal, wie wenn Du ein Gummiball wärst" oder "wie wenn Du ganz kurze Beine hättest."

Nebel, Nebel.

Nebel, Nebel, schwing dich auf zum Gebel,
schwing dich auf zur Himmelstür,
laß die liebe Sonn herfür!

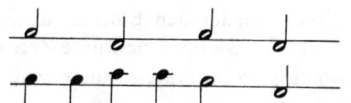

Das Lied wird in dem für die Kinder gewohnten melodischen Modell gesungen. Wenn die Kinder es gut mitsingen können, darf sich jedes unter Becken, Cymbeln und Triangeln ein Instrument als "seine Sonne" aussuchen und probiert aus, wie seine Sonne klingt. Danach singen alle das Lied und schreiten dabei "so langsam, wie die Sonne geht" vorwärts. Erst am Schluß des Liedes geben sie einen Schlag auf ihrem Instrument als Zeichen dafür, daß die Sonne da ist. Der Schlag soll nicht zu hart klingen (der Sonnenschein ist auch nicht "hart").

I RHYTHMUS

A) Die Hände laufen

1. Aufgabe

Die Kinder haben sich so eingerichtet, daß sie bequem mit beiden Händen abwechselnd — auf Pauke, Tisch o. ä. schlagen können. Sicherlich schlagen sie, sowie sie dransitzen, unkontrolliert und lärmend auf den Schlagflächen herum. Die Leiterin tut am besten mit und reißt nach einer genügenden Zeit des Austobens die Arme hoch; die Kinder machen ihr dies meist unaufgefordert nach.

Nun sagt die Leiterin, daß sie zeigen wird, wie ein bestimmtes Tier geht; die Kinder sollen mitmachen und nachher raten, was für ein Tier das war. Dann gibt sie mit beiden Händen abwechselnd gleichmäßige Schläge in einem mittleren Tempo, und die Kinder tun mit, bis das Ende wieder durch Armheben angezeigt wird. Danach raten die Kinder, was für ein Tier gemeint war.

Auf diese Weise wird auch von jedem Kind der Reihe nach eine Tierschrittart vorgemacht und von allen mitgemacht; zum Schluß kommt das Raten. Hier gibt es zahllose Möglichkeiten: "Schleichen" als Tiger oder Katze, mit den ganzen Handflächen "Trampeln" als Elefant oder Bär, mit Fingerspitzen über das Fell "Hüpfen" als Vogel, "Trippeln" als Maus und vieles andere, worauf die Kinder von sich aus kommen.

Die mitspielenden Kinder sollen alles Vorgemachte gut beobachten und imitieren. Sie werden dabei sicherlich noch kein gemeinsames Tempo einhalten; das schadet am Anfang nichts. Sie machen dann zusammen eine "Elefantenherde" oder "ganz viele Vögel". Gelegentlich kann man aber versuchen, je eine kleine Gruppe zusammen nur e i n e n Elefanten trampeln oder e i n e n Vogel hüpfen zu lassen. Während eine Gruppe e i n Tier schreiten oder hüpfen läßt, können die anderen Kinder vielleicht die Augen schließen und nachher sagen, ob es wirklich nur ein Tier war oder mehrere Tiere. Auf diese Weise lernt die gerade aktive Gruppe, sich auf ein gemeinsames Tempo zu konzentrieren. Diese Fähigkeit wird erst langsam wachsen.

2. Aufgabe
Schon sehr bald, nachdem sich die Kinder an das gemeinsame Schritt-Vormachen und -Imitieren mit den Händen gewöhnt haben, kann man die folgende Spielregel einführen: Die Leiterin macht eine Schrittart vor, bis alle Kinder sie gut mitmachen; dann nickt sie einem Kind deutlich zu und hört selbst mit Schlagen auf. Mit ihr zusammen sollen alle übrigen Kinder sofort aufhören, so daß das bezeichnete Kind eine Weile alleine weitermacht, bis die Leiterin wieder den Einsatz für alle gibt. Nach kurzer Zeit wird einem anderen Kind zugenickt, das wieder eine kurze Zeit alleine spielt — usw. Das Ganze soll ununterbrochen und wortlos weiterlaufen, auch wenn die alleinspielenden Kinder ihre Sache noch nicht gut machen.

Hier handelt es sich vor allem darum, daß die Kinder beim Alleinspielen allmählich ihre Befangenheit abstreifen; diese Entwicklung kann man durch Einzelkorrekturen nur stören. Lediglich solche Kinder, die sich offensichtlich keine Mühe geben, kann man nach Schluß des Ablaufs ermahnen. Vor Beginn eines neuen Ablaufs sollte die Leiterin die Kinder jedoch gemeinsam auffordern, gut zu imitieren und — falls schon ein gemeinsames Tempo gehalten wird — die Tiere beim Alleinspielen nicht schneller und nicht langsamer als vorher laufen zu lassen, vor allem aber: nicht aufzuhören, wenn man dran ist! Geschieht das letztere während des Ablaufs trotzdem und hat selbst ermunterndes Zunicken der Leiterin nichts genützt, so wird schnell wieder der Einsatz für alle gegeben. Die jeweilige Dauer des "Tutti" und "Solo" soll immer verschieden sein, damit die Kinder aufpassen müssen und nicht in eine mechanische Abfolge hineingeraten.

Dieses Spiel, das für Erwachsene als "Tutti-Solo-Spiel" bezeichnet wird, kann etwa von der dritten Übungsstunde an auch von Kindern angeführt werden. Hierbei muß man die Gruppe nur gut verständigen, daß sie jetzt nicht die Leiterin, sondern d a s b e t r. K i n d ansehen soll, damit jedes Kind merkt, wann es allein dran ist. Das jeweilige Zunicken sollen die anführenden Kinder sehr deutlich machen.

B) "D i e P a u k e s p r i c h t"

1. Aufgabe (für die allerersten Musiklektionen)
Die Kinder sollen sich beim Namen kennenlernen. Jedes hat eine Pauke, ein Tambourin, eine Holztrommel mit kleinem Schlegel oder ein Stäbchen zum Auf-den-Tisch-Schlagen

zur Verfügung. Als erste sagt die Leiterin ihren Namen, spricht ihn dann noch einmal aus und klopft dabei zu jeder Silbe auf das Instrument. Danach klopft sie den Namen noch einmal, ohne dazu zu sprechen. "Die Pauke hat es mir nachgesprochen!" Alle Kinder sagen nun den Namen der Leiterin nach und klopfen ihn zugleich auf das Instrument. Darauf kommt ein Kind nach dem andern an die Reihe: Jedes spricht seinen Namen aus — die Kleineren nur ihren Vornamen, die 5-6jährigen ihren vollen Namen — und wiederholt ihn dann mit gleichzeitigem Klopfen auf Tisch oder Instrument; als letztes "spricht" das Instrument den Namen alleine. Danach sagen jedesmal alle Kinder zugleich noch einmal den betr. Namen mit Klopfen, z. B. Bettina Vogel: ♪♪♪♪♪

2. Aufgabe

Wenn alle Kinder ihren Namen selbständig und auch ohne dazu zu sprechen klopfen können, sollen sie kleine Rufe und Sätze auf Fell oder Holz klopfen. Diese sollten aber eine "Funktion" haben, das heißt, wenn der kleine Ruf richtig geklopft war, so erfolgt etwas, was sich aus dem Text ergibt, z. B.: Ali Baba (aus den Märchen 1001 Nacht) will die Räuberhöhle öffnen und ruft: "Sesam öffne dich!" Wenn ein Kind diesen Ruf ohne Sprechen richtig geklopft hat, bewegen sich die Felsen auseinander, und man hört ein furchtbares Gerumpel, das die Kinder auf den Pauken, vielleicht auch mit Stuhlrücken, vollbringen. Sicher findet man noch mehr kleine Rufe, auf die etwas erfolgt, was mit Musik oder Geräusch dargestellt wird.

3. Aufgabe

Ein Abzählreim wird gemeinsam geklopft, z. B.:

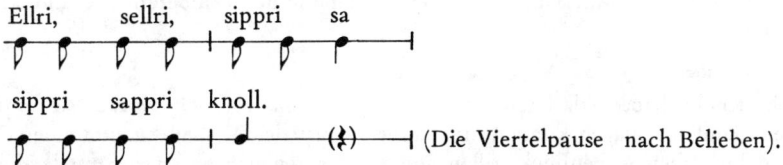

(Die Viertelpause nach Belieben).

Bei diesem Reim gibt es ein Wort, zu dem alle ganz laut schlagen; welches?

Erst wird der Vers mit Sprechen, dann ohne Sprechen geklopft, und darauf folgt das Reihumspielen": Der erste spricht: "ellri, sellri", der nächste: "sippri sa", der dritte: "sippri, sappri", und alle zusammen sprechen "knoll". Beim nächsten (also jetzt beim vierten) Kind beginnt der Vers von vorne usw. Auf dieselbe Weise wird ebenso reihum geklopft, erst mit leisem Sprechen, dann stumm. Was geschieht bei "knoll"?

Man kann den Reim natürlich auch mit Einteilung in zwei lange anstatt vier kurze Zeilen reihum spielen; also der erste klopft: "Ellri, sellri, sippri sa", der zweite: "sippri, sappri, knoll". Was geht leichter: mit kurzen oder mit langen Zeilen Reihumspielen?

4. Aufgabe

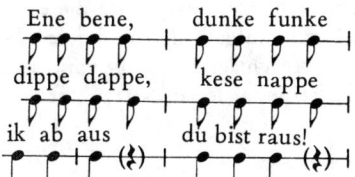

Dieser Vers ist wegen des langsamen Schlußreims schwieriger. Man beobachte, ob die Kinder die Viertelpause wenigstens andeutungsweise einhalten. Wenn ja, sollte die Pause durch Cymbelschlag je eines Kindes, das nicht mitklopft, verdeutlicht werden. Wenn die Kinder aber dazu neigen, die Pause ganz zu übergehen, so läßt man es dabei, und aus "ik ab aus, du bist raus" wird ein wiederholter Dreiertakt.

Der Vers wird wieder reihum gesprochen und geklopft. Den Schluß macht immer das Tutti; von wann an?

C) Klatschen und Patschen (auch für große Gruppen)

1. Aufgabe

Die Leiterin spielt als Ostinato ein einfaches rhythmisches Motiv, z. B. ♩ ♩ ♩ 𝄽 auf zwei instrumentalen Schlagstellen, mit deutlich verschiedener Klanghelligkeit. Sie kann dazu Bongos nehmen oder abwechselnd mit einer Hand auf das Fell und mit einem Stiel in der anderen Hand auf den Paukenrand schlagen, oder sie legt eine kleine Cymbel auf die Pauke und schlägt mit kleinem Hartgummischlegel abwechselnd auf Fell und Cymbel. Die Kinder sollen raten, wann man klatschen soll; sie brauchen es aber nicht zu sagen, sondern sollen es gleich tun. (Gemeint ist: bei den "hellen" Schlägen.)

Wenn die Kinder die Klatschschläge gefunden haben, verändert die Leiterin wieder sehr vorsichtig das Tempo. Die Kinder sollen mit geschlossenen Augen folgen.

I DYNAMIK UND KLANG

A) Lärmphasen (auch für große Gruppen)

Wenn die Kinder sich in einem besonders lautstarken oder aggressiven Stadium befinden — zuweilen aber auch umgekehrt: wenn sie scheu und gedrückt sind —, bedeutet die folgende Übung einerseits Aderlaß, andererseits Belebung der Temperamente und stiftet zugleich Ordnung.

1. Aufgabe

Alle Kinder haben wie beim Tutti-Solo-Spiel etwas vor sich, worauf sie bequem mit beiden Händen schlagen können, nur keine Stabspiele. Die Leiterin gibt einen Cymbelschlag und im selben Augenblick sollen alle Kinder zugleich anfangen, mit beiden Händen so schnell und so lärmend, wie sie wollen, auf ihre Instrumente oder Tische zu schlagen. Beim nächsten Cymbelschlag der Leiterin muß es sofort wieder mäuschenstill sein. Mit dem folgenden Cymbelsignal geht der Tumult wieder los usw. Die Leiterin gibt auf diese Weise die Zeichen für drei Lärmphasen, wobei sowohl diese als auch die Pausen dazwischen v e r s c h i e d e n l a n g sein sollen, so daß die Kinder immer überraschenden Signalen folgen müssen.

Hiernach übernehmen die Kinder nach der Reihe die Führung mit der Cymbel, geben aber zunächst nur die Signale für j e e i n e Lärmphase. Sie sollen ihre Vorgänger dabei möglichst nicht imitieren, sondern jedes eine andere Länge des Tumults angeben.

2. Aufgabe

Der Klang der "Tumulte" ist zunächst sehr roh; man sollte dieses Spiel bald dynamisch differenzieren. Oft bahnt sich dies schon unaufgefordert in der Zeichengebung der Kinder an. Jeder der anführt, soll durch seine Anschlagsbewegung vorauszeigen, ob der Tumult ein leiser oder ein lauter werden soll. Bei einer leisen Lärmphase muß natürlich auch der Endschlag leise gegeben werden.

B) Auto (oder Wind) spielen

Alle haben ein Fellinstrument, also eine Pauke, eine Trommel oder ein Tambourin zur Hand. Als Ersatz für ein Fellinstrument kann auch eine nicht zu glatte hölzerne Tischplatte dienen. Die Leiterin streicht mit den Fingerkuppen oder mit einem Drahtbesen deutlich vernehmbar auf dem Fell herum und imitiert dabei das Geräusch eines in der Ferne, also nicht allzu plötzlich vorbeifahrenden Autos; das Geräusch wird allmählich, aber unregelmäßig stärker und flaut ebenso wieder ab. Sie macht zwei oder drei solcher vorbeifahrenden "Autos" vor, die alle in Dynamik und Dauer verschieden sind, und läßt die Kinder raten, was das sei. Viele raten "Autos", einige auch "Flugzeuge" oder "Wind" und "Sturm". Alles kann man gelten lassen, denn bei allen genannten Dingen hört man ein allmähliches Kommen und Gehen und unregelmäßige Stärken des Geräusches (beim Auto durch Häuser oder Kurven). Einige raten vielleicht "Biene am Fenster"; das trifft das Gesetzmäßige der Abläufe nicht ganz; denn eine Biene könnte auch plötzlich mit Summen beginnen oder aufhören. Je nachdem, was die Kinder herausgehört haben, entscheidet man sich für "Auto", "Wind" oder auch "Biene"; bei der "Biene" verzichtet man auf das allmähliche Kommen und Gehen des Geräusches, hat dafür aber als besondere Gestaltungsmöglichkeit, daß die Biene manchmal "ans Fenster bumst".

Bei den folgenden Lernspielen wird meist vom "Auto" gesprochen; das kann beliebig ausgetauscht werden.

1. Aufgabe

Die Leiterin gestaltet ein nicht zu kurzes Geräusch von einem vorbeifahrenden Auto auf dem Fell mit fantasievoller dynamischer Abwechslung. Danach darf jedes Kind in der Runde allein ein "Auto" auf dem Fell oder mit einem kantigen Stab oder einem Besen auf dem Tisch darstellen. Jedes dieser Autogeräusche soll anders werden, aber das allmähliche Kommen und Gehen darf nie fehlen.

In einer späteren Lektion wird diese Übung dadurch erweitert, daß nach jedem Vormachen eines Autos alle Kinder dieses gemeinsam imitieren.

C) S p i e l   m i t   C y m b e l n

1. Aufgabe

Die Kinder horchen den Klang von zwei sehr verschieden großen Cymbeln ab, die sich in der Klanghelligkeit deutlich unterscheiden. Dann geben sie jeder Cymbel einen Namen: "bim-bumm" oder "tsching-tschang" o. ä. Die Kinder sollen sich nun einzeln entscheiden, ob sie zur "Bim-Cymbel" oder zur "Bumm-Cymbel" gehören wollen. Danach entfernen sich die Kinder von der Leiterin und schließen zunächst die Augen, um zu horchen, wann sie von "ihrer" Cymbel gerufen werden. Wenn die Leiterin die kleine Cymbel schlägt, kommen die "Bim-Kinder" heran und gehen in dem Rhythmus, nach dem die Cymbel geschlagen wird, um die Leiterin herum; das Entsprechende geschieht dann mit den "Bumm-Kindern".

Beim nächsten Mal läßt die Leiterin die Cymbel vielleicht schon schweigen, wenn die Kinder noch mitten auf dem Weg sind; dann sollen diese gleich stillstehen, die Augen wieder schließen und horchen, welche Gruppe als nächste zum Weitergehen gerufen wird. (Manchmal kommt die gleiche wieder dran!) Falls die Leiterin die Cymbeln auf irgendeine Weise unsichtbar machen kann, ist das Augenschließen natürlich unnötig.

2. Aufgabe

Es heißt: "wenn eine Cymbel laut geschlagen wird, sollen die betr. Kinder zur klingenden Cymbel hingehen; wenn die Cymbel leise geschlagen wird, sollen sie sich wieder von ihr entfernen."

Bei der ersten Aufgabe können bald je zwei Kinder das Rufen mit der Cymbel übernehmen. Bei der zweiten Aufgabe ist es schwer, leise und laut beim Schlagen deutlich zu unterscheiden.

I SPIEL MIT TÖNEN

A) Glocke spielen

Vor Beginn einer jeden Lektion, in der auf Stabspielen (Xylophonen, Metallophonen, Glockenspielen) musiziert wird, sollte eine der Kindergruppe entsprechende Anzahl von Stabspielen mit je zwei passenden Schlegeln bereitgestellt werden. Für die erste Aufgabe, das "Glocke-Spielen", kann man alle Töne, also sämtliche Stäbe, in den Stabspielen liegen lassen; man kann aber ebensogut auf allen Stabspielen in gleicher Weise eine "pentatonische" (fünftönige) Leiter einrichten, indem man einheitlich entweder die e- und h- oder die f- und c-Stäbe herausnimmt. Ratsam wäre dabei das Herausnehmen von e und h zugunsten der für Kinder guten Singtonart mit den "Ruftönen" c-a.

Ob man mit vollem Stabspiel oder pentatonisch Glocke spielen will, sollte jeder für sich aufgrund eigener Beobachtungen von Reaktionen der Kinder entscheiden. Technisch gesehen ist das Anfangen auf dem vollen Stabspiel für kleine Kinder leichter, da sie sonst leicht in die Lücken hineinschlagen. Der Vorstellung des in Deutschland üblichen Zusammenklangs von Kirchenglocken entspricht mehr das Spielen mit pentatonischer Leiter. Nicht leicht zu beantworten ist die Frage, ob man die Vorschulkinder durch gemeinsames Herumspielen auf vollen Stabspielen vielleicht im negativen Sinn an Dissonanzen "vorbeihören" lehrt.

Für ein etwas bewußteres Tönespiel, u. a. zum Wiederfinden von Rufmotiven u. ä. verhilft die pentatonische Reihe auf den Stabspielen durch die jeweiligen Lücken zur leichteren Orientierung.

1. Aufgabe

Alle Kinder haben ein Stabspiel vor sich und in jeder Hand einen Schlegel. Die Leiterin sagt: "Ich bin eine Glocke, und mein Glockenschwengel schwingt hin und her". Sie stellt dies dar, indem sie – in jeder Hand einen Schlegel – mit locker schwingender Armbewegung abwechselnd zwei gleichzeitige Töne mehr "unten" (also links auf dem Stabspiel) und zwei gleichzeitige "oben" anschlägt. Sie macht dies quasi ostinato, ohne aber genaue Töne treffen zu wollen. Die Hauptsache ist das unbefangene Schwingen der beiden Arme als Glockenschwengel. Danach dürfen alle Kinder zusammen mit der Leiterin "Glocke spielen". Dadurch, daß jedes Kind seine eigene Glocke findet, klingen die Glocken ganz verschieden. Es wird auch kein gemeinsames Metrum erwartet; das klänge recht stumpfsinnig. "Jede Glocke läutet in ihrem eigenen Turm".

Als zweites Modell für das Glocke-Spielen macht die Leiterin ein ziemlich schnelles spielerisches Schlagen mit beiden Schlegeln a b w e c h s e l n d vor: aus dem ein ungefähr wiederkehrendes, an Glockengeläute erinnerndes Motiv innerhalb eines engeren Tonraumes entsteht. Die Kinder imitieren auch dies zusammen. Beim folgenden gemeinsamen "Glockenläuten" kann jedes Kind nach Belieben eine der beiden gezeigten Arten des Glocke-Spielens anwenden. Das Wesentliche bleibt weiterhin: kein "Töne-Suchen", sondern ein unbefangenes Erfinden aus der schwingenden Armbewegung heraus mit "Hinhören".

2. Aufgabe

Gelegentlich sollen die Glocken nicht zugleich, sondern wie beim richtigen Glockengeläut langsam nacheinander beginnen. Man kann es mit freiem Einsetzen der Spieler versuchen.

Es kann aber auch jeweils ein Kind die Einsatzzeichen für jede einzelne Glocke geben. Dieses Kind fügt dann seine Glocke als letzte hinzu. Allmählich weiß man im voraus, wie die einzelnen Stabspiele klingen, und kann beim Einsatzgeben bestimmte klangliche Absichten verfolgen. Das freie Einsetzen hat dagegen den Vorteil, daß die Kinder lernen, von sich aus zu warten und in längeren Abständen nacheinander zu kommen.

3. Aufgabe

Für das Aufhören der Glocken ist das Zeichengeben wichtiger. Man macht dies am besten durch Ausstrecken des Arms mit nach außen aufgerichteter Hand (Stopzeichen) zum betr. Spieler hin. Dieses Auswinken ist für alle Beteiligten keine leichte Aufgabe; aber sie ist musikalisch besonders sinnvoll, weil derjenige, der auswinkt, alle Glocken beobachten und gut auswählen kann, welche zuerst und welche später schweigen sollen.

Die Kinder müssen jeweils darauf hingewiesen werden, w e l c h e s Kind mit Auswinken dran ist, damit die Spielenden sich ein wenig dorthin wenden und trotz des Spielens auf das Stopzeichen reagieren können. Wer auswinkt, spielt am besten gar nicht mit. Die Kinder sollen beim Auswinken nicht schnell und gleichgültig vorgehen, sondern alle Glocken gut anhören, ehe sie auswinken.

Das Glocke-Spielen erfüllt Fantasie und Spieltrieb der Kinder innerhalb einer Ordnung, die sie nicht hemmt. Es gibt kein "Falsch und Richtig". Das Unterscheidungsvermögen des Kindes und sein Sinn für Lebendiges und Gestaltetes werden bei der Aufgabe des Auswinkens entwickelt.

Was ist eine "schöne" Glocke? Das ist schwer zu beschreiben und schon gar nicht meßbar. Durch lockere, schwingende Arme und durch eine beim Spielen sich ergebende Tonauswahl, die nicht ängstlich eingehalten, sondern quasi unbewußt variiert wird, entsteht eine lebendig klingende Glockenbewegung. Die Kinder spüren es allmählich selbst heraus. Nur hartes Anschlagen der Töne, Drauflosdreschen ohne Hinhören oder mechanisches Abklappern der ganzen Tonreihe, wie es manche Kinder tun: das sollten die Kinder als "nicht schön" erkennen lernen. Vielleicht verhilft dazu folgender Vorgang:

Die Leiterin spielt den Kindern einmal verschiedene "Glocken" vor, darunter einige schöne und eine lieblos und mechanisch gespielte. Die Kinder sollen selbst entscheiden, welches die schlechteste Glocke war.

Die Spielregel des Auswinkens bedeutet einen Anreiz für die Kinder, schöne Glocken zu erfinden, weil man dann Aussicht hat, bis zuletzt spielen zu dürfen.

C) V o g e l r u f e

Die Leiterin gibt ein Rätsel auf: "Ich spiele jetzt zwei verschiedene Sachen: einen Vogel und eine Glocke – aber ich sage nicht, was davon zuerst kommt und was zuletzt. Ihr müßt das raten!" Zur Darstellung eines rufenden Vogels spielt die Leiterin auf dem Stabspiel kurze, ziemlich gleichbleibende Rufe mit deutlichen Pausen zwischen den Rufen (im Gegensatz zum fortlaufenden Klingen der Glocke).

1. Aufgabe

Wenn die Kinder es geraten haben und sich klar geworden sind, worin der Unterschied lag, sagt die Leiterin: "Mein Vogel ruft so:" und spielt ein Vogelrufmotiv aus Tonwiederholungen, also nur aus e i n e m Ton, wobei sie wieder deutliche Pausen zwischen den Rufen macht, z. B. ♪ ♪ ♪ ♪ 𝄐 :‖ Die Kinder spielen den Vogelruf mit. Wer Lust zum "Singen" hat oder ohne Stabspiel ist, kann den Ruf auch vokal (auf "zizizi") mitmachen. Daß jeder den Ton der Leiterin genau trifft, wird noch nicht erwartet. Der Rhythmus des Vogelrufs soll jedoch von jedem treffend imitiert werden.

Man spielt mit diesem Ruf "ganz viele gleiche Vögel" und versucht danach, hiermit in kleinen Gruppen aus etwa drei Kindern auch "e i n e n V o g e l" zu machen. Es ist wohl klar, daß auch für Kinder, die schon Buchstaben lesen können, keine Notennamen genannt werden sollen! Die Kinder sollen von vorneherein unbefangen "nach dem Gehör" spielen, auch wenn sie die Töne noch lange Zeit nicht sicher treffen bzw. die Tonhöhe kaum beachten. .

Vorläufig soll die Leiterin die Vogelrufe zum Mitmachen noch selbst erfinden.

2. Aufgabe

Zur Erholung von diesen schwierigen Imitationsaufgaben dürfen alle Kinder zugleich Vogelrufe spielen, nun aber jedes seinen e i g e n e n Vogel! Sicherlich kommen schon Vogelrufe mit mehreren Tönen. Wenn sich alle etwas gesucht haben, darf jeder seinen Vogel vorspielen.

Kinder, die schon ein wenig Blockflöte spielen, suchen sich auf ihr einfache Vogelrufe. Es darf aber auch plötzlich ein — mit Holz oder Schlegelstielen — klopfender Specht zu hören sein!

II. ABSCHNITT

II BEWEGUNG

A) Die Füße hören die Musik

5. Aufgabe

Mit der folgenden Übung kann man beginnen, sobald die Kinder Neigung zum Hüpfschritt zeigen.

Wenn die Kinder sich an das Reagieren auf ein veränderliches Tempo etwas gewöhnt haben, kann man aus einer "Geh-Musik" heraus zu einer "hüpfenden" Musik kommen, die die Kinder zum Hüpfen animiert. ♩.♪ ♩.♪ Das Metrum des Hüpfschritts ist ein wenig langsamer als das des Gehschritts; am deutlichsten erkennen die Kinder den Hüpfrhythmus auf einem Tambourin. Später hören sie ihn auch aus einer Melodie heraus.

Wenn die Kinder beim Hören eines hüpfenden Rhythmus nicht von selbst anfangen zu hüpfen, beginne man noch einmal von vorne und sage vorher, daß sie hüpfen dürfen, wenn die Musik es ihnen verrät. Der Übergang vom Hüpfen zurück zum Gehen gelingt am besten nach einer geringen Verlangsamung der Hüpfmusik, woran der etwas s c h n e l l e r e Gehrhythmus anschließt.

Die 4. Aufgabe aus "Die Füße hören . . ." im Abschnitt I soll fortgesetzt werden, wobei vielleicht jedes zweite Mal eine neue einprägsame und ziemlich kurze Melodie verwendet wird.

6. Aufgabe

Zum Reagierenlernen auf den Schluß der Melodie gibt es noch einige Hilfen, z. B.: Die Melodie wird einige Male gespielt, während die Kinder stehen; einige haben eine Cymbel oder ein Triangel mit Schlegel in der Hand und sollen sie beim Schlußton der Melodie anschlagen. Die übrigen Kinder sagen im gleichen Augenblick "tsching" oder klatschen in die Hände. Danach kann ein besonders tüchtiges Kind, während die andern wieder zur gleichen Melodie gehen, allein den Cymbelschlag als Haltsignal geben.

Für diese Übung wähle man keine Melodie, bei der die Kinder den dritten Teil mit dem Anfang verwechseln können.

7. Aufgabe

Die Kinder gehen zu einer Melodie, die in eine ständige Tonwiederholung übergeht. Die Leiterin wartet ab, ob die Kinder ihre Schritte verkleinern oder anhalten. Wenn keine Reaktion erfolgt, spielt sie noch einmal Tonwiederholungen und fragt, was die Töne ihnen verraten. Oder sie sagt, bevor sie spielt "Ihr sollt an bestimmter Stelle stehen bleiben und nur stampfen, wann, das verrät die Melodie". Die Kinder versuchen dies zu verschiedenen Melodieabläufen, in denen immer eine Strecke mit Tonwiederholungen kommt, zuerst jeweils am Ende, nachher auch überraschend am Anfang oder in der Mitte.
Hierauf bezieht sich die 1. Aufgabe vom "Gegenüberspiel".

Verzaubern durch Instrumente

3. Aufgabe

Die Leiterin bereitet die Kinder darauf vor, daß sie jetzt in ein neues Wesen verwandelt werden, und macht mit einem Schellenring oder Triangel eine fortdauernde Tremolobewegung, also ein "Klangband". In was für ein Wesen werden die Kinder nun verzaubert? Natürlich sollen die Kinder selbst auf Ideen kommen (kleiner Vogel, Schmetterling?) Nun kann man mit diesem fliegenden oder schwirrenden Wesen wie vorher mit den Holzpuppen spielen, indem man die Kinder durch verschieden lange klirrende Klangbänder in Bewegung und durch verschieden lange Pausen zum Stillstehen bringt.

4. Aufgabe

Die Leiterin führt mit den Händen auf einer Pauke oder einer Trommel deutlich hörbar Tierschrittbewegungen aus: Schleichen, Schlurfen, Stampfen, leichtes Hüpfen, Humpeln u. ä. Jede Art dauert eine gute Weile, dann kommt eine andere. Die Kinder verwandeln sich in das jeweilige Wesen, "das so macht". Man muß dabei nicht unbedingt an bestimmte Tiere denken.

Danach darf je ein Kind zwei oder drei solcher Wesen nacheinander auf einem Fellinstrument darstellen, wodurch die andern wieder verwandelt werden. Es sollen immer wieder andere Tierschritte zu hören sein, auch solche von Fantasietieren.

5. Aufgabe

Auch das Umgekehrte ist möglich: Ein Kind "mimt" ein Tier oder zwei verschiedene Tiere hintereinander; die andern sitzen mit Fellinstrumenten dabei und stellen seine Bewegungen hörbar auf den Instrumenten dar.

Diese Umkehrung des Spiels kann auch in das gewohnte Nachahmen von Tierschritt-Rhythmen auf Instrumenten einbezogen werden.

B) S i n g e n   m i t   D a r s t e l l u n g

Männchen, Männchen, geig einmal

2. Aufgabe

Das Lied wird nun auch mit einzeln tanzenden Kindern ausgeführt, z. B.: Vor Beginn wird vereinbart, welches Kind zuerst allein tanzt und in welcher Reihenfolge die anderen mit Alleintanzen drankommen. Danach wie gewohnt: das Lied im Kreise stehend singen, dazu Händeklatschen; nun natürlich nicht "Friedel" in der zweiten Liedzeile singen, sondern jeweils den Namen des betr. Kindes. Die Leiterin spielt das Lied zum Singen und anschließend die Tanzmelodie, zu der jeweils nur ein Kind tanzt. Auf den Schluß der Tanzmelodie soll das Kind rechtzeitig reagieren und bereit sein, mit den andern Kindern gleich anschließend das Lied zu singen usw.

Anstelle einer vorher bestimmten Reihenfolge kann man auch abmachen, daß jeweils einer die ersten Liedzeilen singt und dabei den Namen des Kindes nennt, das tanzen soll.

In größeren Gruppen sollten immer je zwei Kinder allein tanzen. Man bestimmt dann vorher für den ersten Tanz zwei Kinder, die nebeneinander oder im Kreis gegenüberstehen, und die Reihenfolge. Oder es geht ein Kind während des Liedsingens innen am Kreis entlang und tanzt dann mit dem Kind, vor dem es am Schluß des Liedes steht.

Die Kinder sollen auch beim Alleintanzen immer die "Füße die Musik hören" lassen. Wenn die Kinder am Umgang mit diesem Lied keine Freude mehr haben, wird es längere Zeit oder gar nicht mehr verwendet; andernfalls kann man weiterhin Variationen für die Bewegungsform finden, die eine gesteigerte Forderung bedeuten, z. B.:

3. Aufgabe
Während der Tanzperiode soll jeder das Hüpfen nach Belieben oft mit einem Sich-Drehen verbinden.

Oder die einzelnen Kinder sollen während des Tanzes hüpfen und sich nur am Ende einmal drehen; das Sich-Drehen können auch die gerade zusehenden Kinder mitmachen. Wichtig ist dabei, daß man sich rechtzeitig vor der Wiederkehr des Liedes dreht, so daß man beim Liedbeginn schon still — und gut in der Kreislinie — steht.

4. Aufgabe
Auch die Singperiode wird mit Bewegung im Raum ausgefüllt, z. B. indem man angefaßt im Kreis geht. Oder es gehen alle frei im Raum, und jeweils am Ende des Liedes haben sich zwei gefunden, die sich einander gegenüberstellen und tanzen.

Nebel, Nebel

2. Aufgabe
Ein Kind wird jeweils zur "Sonne" ernannt und darf sich unter verschieden großen Cymbeln oder hängenden Becken seine "Sonne" aussuchen. Die übrigen Kinder spielen den Nebel.

Bei größerer Kinderzahl und in einem Raum mit genügend Platz wird der Nebel als eine "dicke Wolke" dargestellt, zu der sich alle Kinder vor Beginn des Liedes zusammendrängen. Der erste Teil des Liedes wird in diesem dichten Haufen gesungen, dann zerteilt sich der Nebel ganz allmählich, die Kinder gehen weitersingend langsam auseinander.

Das Kind, das die Sonne darstellt, hat sich vor Beginn des Liedes in einer Entfernung von etwa drei Metern von der "Wolke" aufgestellt. Während des Liedes soll es "so langsam, wie die Sonne geht," zur Wolke hinschreiten, gegen Ende des Liedes dort sein und durch den sich auflösenden Nebel hindurchgehen. Nach dem letzten Ton des Liedes schlägt es auf seine Cymbel als Zeichen, daß die Sonne da ist. Wo viel Platz ist, kann dieser Cymbelschlag außerdem als Anlaß dazu gelten, daß die "Nebel-Kinder" nun in alle Ecken des Raumes auseinanderl a u f e n.

Es fällt den Kindern schwer, anstatt schon zu Beginn des Liedes auseinanderzulaufen, den Nebel nur ganz langsam sich auflösen zu lassen und währenddes das Lied gemeinsam zu Ende zu singen. Sie können das aber bei häufiger Wiederholung des Spiels lernen.

Mit wenig Kindern und in einem engeren Raum stellt man den Nebel besser nicht als kompakte "Wolke", sondern als eine "Wand" dar. Die Nebel-Kinder stehen, während sie singen, angefaßt in einer Reihe, lassen im zweiten Liedteil die Hände los und treten langsam ein wenig auseinander. Die "Sonne" kommt, auch aus drei Meter Entfernung, von hinten und soll die Schritte so einrichten, daß sie gerade beim letzten Ton durch eine Nebellücke hindurchschreitet und, v o r dem Nebel stehend, ihren Cymbelschlag gibt.

Die Darstellung des Nebelliedes wird von den Kindern lange Zeit gerne wiederholt. Jedes Kind möchte oftmals die Sonne sein und lernt dabei, so langsam zu gehen, wie es Weg und Länge des Liedes erfordern, vielleicht sogar im Rhythmus des Liedes zu schreiten.

3. Aufgabe
Auch die Leiterin will einmal die Sonne sein und entfernt sich dafür vor Beginn des Liedes von den Kindern, die nun ohne sie "so laut, daß es die Sonne hört," singen und selbständig als Nebel langsam auseinandergehen sollen.

Ellri, sellri

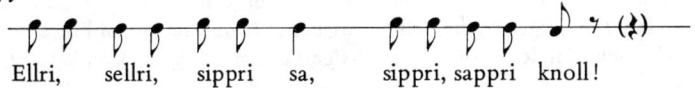

Ellri, sellri, sippri sa, sippri, sappri knoll!

Die Kinder sprechen und klopfen den Abzählreim zuerst mehrere Male hintereinander zugleich, dann einzeln, letzteres am besten zeilenweise reihum. Was geschieht bei "knoll"? (Die Viertelpause in Klammern sollte entweder jedesmal mit einem Cymbelschlag ausgefüllt werden oder — am besten — ganz wegfallen.)

Zum Schluß wird der Vers gemeinsam gesungen, vorschlagsweise in der oben angegebenen Tonfolge.

1. Aufgabe
Alle stehen im engen Kreis und singen den Vers, während die Leiterin, oder später ein Kind, die Gruppe durch "Fingertippen" reihum in gleichmäßiger ruhiger Bewegung "abzählt". Das Kind, auf das das Wort "knoll" fällt, stellt sich außerhalb des Kreises und darf im selben Zeitmaß, wie der Abzähler tippt, klatschen. Nach dem zweiten Vers stehen zwei klatschende Kinder außerhalb des Kreises usf. Wenn außer dem Abzähler nur noch ein Kind im Kreis steht, wird die Abzählbewegung so bequem, daß sie schneller geht; darauf sollen die Außenstehenden achten und entsprechend schneller klatschen.

Zum Schluß ist nur noch einer übrig; das Singen hört auf, und alle klatschen den Vers noch einmal stumm; sie sollen ihn dabei also nicht sprechen, sondern nur d e n k e n. Ob keiner zu lange klatscht?

Während des ganzen Spiels sollte ein Kind außerhalb des Kreises bleiben und in jedem Vers e i n m a l auf die Pauke schlagen — wann?

2. Aufgabe
An den bisher letzten, nur noch geklatschten Vers wird noch einer angefügt, den man gar nicht mehr hört. Alle denken den Vers stumm im zuletzt gültigen Tempo, und nur "knoll" wird von allen laut gesungen, gerufen, geklatscht, gestampft u. ä.

3. Aufgabe
Anstatt nur zu klatschen, können die Kinder, die aus dem Kreis getreten waren, etwas beliebig anderes tun, z. B.: gehen, stampfen, taktieren, schunkeln, Kopfwackeln oder -drehen und was ihnen sonst noch einfällt — alles jedoch im Takt des Abzähltippens, auch wenn dieses beim letzten gesungenen Vers schneller wird.

Das Windmühlenspiel (Spielidee)

Die Kinder stehen in genügender Entfernung voneinander und probieren aus, wie man die Arme als Windmühlenflügel bewegen kann, mit e i n e m, oder mit beiden Armen, mit vornübergebeugtem Rumpf oder wie sonst noch?

Dann muß ein Wind da sein, der die Mühlen anbläst, vielleicht dargestellt durch eine Gruppe von Kindern, die nach der Reihe je einmal "blasen".

Jedes dieser Kinder denkt sich einen anderen Windlaut aus. Wenn sie den Wind auch mimen — bzw. in kleinerem Raum —, wird es zunächst mit Stimm-, Pfeif- und Pustelauten gemacht. Je nach Situation werden außerdem von den Kindern gewählte Instrumente für die Windgeräusche verwendet (Streichen auf Fell, Jaulen auf Flötenköpfen u. a.). Die Windgeräusche sollen auch in der Länge und der Heftigkeit ganz verschieden sein.

Während der Wind faucht, drehen sich die Mühlenflügel je nach der Dynamik des Geräusches schneller oder ruhiger. Wenn der Wind schweigt, bleiben sie allmählich stehen. Damit die "Flügelarme" nicht müde werden, sind lange Pausen zwischen den Windstößen notwendig.

In kleiner Gruppe und mit wenig Platz kann man sich für dieses Spiel anstatt Windmühlen die kleinen Windräder vorstellen, mit denen Kinder gerne spielen. Die Bewegung der Windräder läßt sich auch im Kreise sitzend darstellen, und die Geräusche können ganz leise sein.

II RHYTHMUS

A) Die Hände laufen

3. Aufgabe

Wenn eine Melodie gespielt wurde, haben die Kinder bis jetzt entweder dazu in die Hände geklatscht, oder sie sind gelaufen, bzw. gegangen. Jetzt sollen sie zur Musik auf Pauken, Tischen oder Holzinstrumenten "die Hände laufen" lassen. Natürlich "laufen" dann beide Hände wie zwei Beine abwechselnd. Die Kinder sollen hierbei gleichmäßige "Schritte" mit den Händen zum Grundschlag der Melodie machen; das wird nicht gleich gelingen. Wenn einige Kinder gut nach der Melodie hören und deren Rhythmus mitschlagen, so läßt man sie ruhig dabei.

Im Zeitmaß der Melodie muß man sich anfangs etwas danach richten, ob bei den Kindern Neigung zum schnelleren oder zum langsameren Schlagen vorherrscht. Später lernen die Kinder, jedem Tempo zu folgen.

4. Aufgabe *Begleitung von Melodien mit zwei Klangregistern* (auch für große Gruppen)

Die Kinder werden in zwei Gruppen eingeteilt; die eine spielt mit hellklingendem Fell, die andere mit dunkelklingenden Fellinstrumenten. Welches die hellen und welches die dunkelklingenden Instrumente sind, sollen die Kinder selbst herausfinden. Die Einteilung in zwei Klanggruppen ist natürlich auch mit andersartigen Schlagstellen möglich, z. B. kann die eine Gruppe auf den Tisch oder auf Holzinstrumente schlagen. Die Leiterin spielt eine den Kindern bekannte Melodie, in der es mindestens eine deutliche Zäsur gibt, und sagt dann, daß die beiden "Parteien" die Melodie abwechselnd begleiten sollen; w a n n sie aber auswechseln, sollen sie beim Musizieren selbst entscheiden. Es wird nur vereinbart, welche Partei zuerst drankommt.

Nun wird die Melodie mehrere Male gespielt, und die Leiterin wartet — ohne jede Beeinflussung der Kinder — ab, was sich entwickeln will. Vielleicht wird der Wechsel bei der

Zäsur versucht, vielleicht erst beim Neubeginn der ganzen Melodie, vielleicht auch beeinflußt durch die Höhenlage der melodischen Abschnitte? Alles wird akzeptiert, bei dem eine bewußte Reaktion auf den melodischen Vorgang zu erkennen ist. Die Kinder müssen lernen, sich wirklich abzuwechseln; sie sollen also nicht plötzlich alle zugleich schlagen. Wenn Uneinigkeit herrscht und wenn ein Kind über den Zeitpunkt des Wechsels eine bestimmte Meinung äußert, so kann dieses die Cymbel nehmen und während des Ablaufs einer Melodie ein Signal zum Wechsel geben.

Vielleicht muß man einmal ohne Melodie das Reagieren auf ein Signal üben? Je ein Kind bekommt die Cymbel und gibt ein Signal zum Auswechseln der beiden Klangregister, das schnell befolgt werden soll.

5. Aufgabe

Die Tierschritte werden weiterhin auf Fell oder Tisch mit beiden Händen reihum vorgemacht und von allen imitiert. Die Spielregeln "Ganz viele Tiere durcheinander" und "Nur e i n Tier" treten dabei immer mehr gegenüber der "Tutti-Solo"-Spielregel zurück. Die Leiterin macht nun auch Tierschritte in bestimmten Rhythmen vor, z. B. "Galopp, galopp" ♪♪ ♪♪ mit beiden Händen abwechselnd. Kinder, die diesen Rhythmus noch nicht mit den Händen allein darstellen können, helfen sich dabei durch Mitsprechen des Wortes. Später kann man u. a. versuchen, den "Galopp" als "e i n Pferd" zu klopfen. Es können auch Fantasietiere vorgemacht werden, z. B. eine Katzenart. die nur mit einer Pfote schleicht und mit der anderen tappt, also so macht: fff-tap-fff-tap. Zum Spaß macht man solche Tiere auch mit der Stimme nach.

6. Aufgabe

Man bezieht nun Tiere ein, die sich ganz unregelmäßig bewegen, z. B. die mit kleineren oder größeren Pausen hüpfende Heuschrecke oder die raschelnde und sich wieder versteckende Eidechse. Hierbei verzichtet man auf den gemeinsamen Rhythmus, umsomehr Fantasie kann jeweils der Alleinspielende beim Tutti-Solo-Spiel mit einem unregelmäßigen Tiergeräusch entwickeln; man läßt ihm dafür viel Zeit.

Das Rascheln der Eidechse ließe sich auch gut mit dem Mund nachmachen.

Das Imitieren unregelmäßiger Tiergeräusche hat viel Ähnlichkeit mit dem "Auto"- oder "Wind"-Spielen.

B) Die Pauke spricht

5. Aufgabe

Die Pauke spricht jetzt rhythmisch weniger regelmäßige Reime, z. B. die Märchenverse:

> Ruckediguh, ruckediguh,   der Schuh ist zu klein;
> Blut ist im Schuh;   die rechte Braut ist noch daheim!

(Zu "Ruckediguh" kann man das Picken der Tauben ganz leise von einem Kind oder zwei Kindern hören lassen, mit den Lippen oder mit dünnen Schlegelstielen.)

> Ich bin so satt,   Wie sollt ich satt sein?
> ich mag kein Blatt;   Ich sprang nur über Gräbelein
> mäh, mäh!   und fand kein einzig Blättlein;
>   mäh, mäh!

(Wie macht man mit Instrumenten "mäh, mäh"?)

Die Verse werden wieder zeilenweise reihum gespielt. Vielleicht kann man sie später auch auf Stabspielen reihum spielen? Dann werden am besten nur zwei Töne verabredet, die jeder beliebig benutzt. Man versuche, beim Klopfen auch schon wie beim Sprechen zu betonen.

C) Klatschen und Patschen

Bei den folgenden Übungen wird kein Instrument gebraucht, sondern nur geklatscht und auf die Oberschenkel gepatscht.

2. Aufgabe

Die Leiterin macht einen sehr einfachen, sich wiederholenden Rhythmus mit in irgendeiner Form abwechselndem Klatschen und Patschen vor, z. B. ♩(P) ♩(Kl) ♪ :‖ oder ♫ ♩
Wie beim "Tutti-Solo" sollen die Kinder sofort dasselbe mitmachen und auch — auf Zeichen der Leiterin — alleine spielen, dann wieder zusammen usw. Das selbständige Vormachen von neuen Klatsch-Patsch-Rhythmen und damit das Anführen eines Tutti-Solo-Ablaufs kann bald reihum gehen.

Ganz allmählich kann man die Länge und die Schwierigkeit dieser Klatsch-Patsch-Rhythmen steigern.

Die 1. Aufgabe sollte noch wiederholt werden, und einige Kinder können schon versuchen, ob sie mit selbsterfundenem, zweitönigem Rhythmus anführen können, dies natürlich ohne Tempowechsel.

II DYNAMIK UND KLANG

A) Lärmphasen

3. Aufgabe

Wenn die ersten Aufgaben des Signalspiels mit Lärmphasen in ein oder zwei späteren Lektionen wiederholt worden sind, können die Kinder schon je zwei Lärmphasen hintereinander anführen. Beide sollen dann auf irgendeine Art verschieden sein: in der Dauer der "Tumulte" und der Pausen, in der Lautstärke oder auch in beiden. Das letztere wird noch kaum gelingen. Nach Beendigung der beiden Lärmphasen, die jeweils ein Kind anführte, fragt man die andern Kinder, welches der Unterschied war.

Diese Übung sollte oft in die Lektionen einbezogen werden, aber immer nur kurze Zeit in Anspruch nehmen.

B) Auto spielen

2. Aufgabe

Das Geräusch eines vorbeifahrenden Autos soll — ohne Vormachen — von allen zugleich ausgeführt werden, wobei jeweils einer führt. Damit man den Anführenden heraushört, nimmt dieser ein Klangzeug in die Hand, das man aus den Wischklängen auf Fell und Tischen gut heraushören kann, z. B. zwei etwa gleiche, größere Cymbeln, die man mit den Innenflächen in runder, fließender Bewegung aneinanderreibt und mit denen man die Dynamik des Autogeräusches darstellt. Während die Cymbeln des Anführenden ein "Auto" vorbeifahren lassen, folgen alle übrigen b l i n d, aber genau und ganz intensiv lauschend mit den gewohnten Geräuschen auf Fellinstrumenten oder Tischen.

Dies Führen und "Blind"-Folgen läßt sich später auch mit zwei nach kurzer oder längerer Pause aufeinanderfolgende "Autos" üben. Wichtig ist dabei, daß beide Autos sehr verschieden klingen und daß die Pause zwischen beiden deutlich vorgemacht und mit "Lauscherohren" mitgemacht wird.

C) Spiel mit Cymbeln

3. Aufgabe

Die zwei verschiedenen Cymbeln werden so aufgehängt, daß sie frei schwingen können, (z. B. mit verlängerten Schlaufen am Gestänge eines Notenpults). Die Kinder schließen die Augen oder drehen sich um, und die Leiterin schlägt die beiden Cymbeln hintereinander an. Danach dürfen die Kinder summen, was erklungen ist: "bim-bumm" oder "bumm-bim"? Ein Kind, das gut zugehört hat, darf das nächste Mal zwei Schläge auf die Cymbeln geben, die wieder nachgesummt werden. Natürlich ist es nicht verboten, auch einmal zwei Schläge auf die gleiche Cymbel zu geben.

Später gibt der Vorspieler die zwei Schläge schnell oder langsam; dann muß auch das Tempo der Schläge nachgesummt werden, ohne daß die Leiterin dirigiert!

Bei sehr kleinen Gruppen sollte man das Vorgespielte auch von je einem einzelnen Kind, das nicht zugesehen hat, auf den gleichen Cymbeln nachspielen lassen. Das macht natürlich viel mehr Spaß. Es ist dann nicht leicht, daran zu denken, daß die große Cymbel den weicheren Schlegel bekommt und die kleine den härteren.

(Das Nachmachen von Cymbelschlägen entwickelt das Unterscheidungsvermögen für verschieden helle Klangfarben noch sensibler als das "Klatschen und Patschen" und bereitet u. a. das Spiel von Liedern nach dem Gehör vor.

Wenn die heller klingende Cymbel höher hängt als die andere, so vermittelt dies zudem einen optischen Eindruck, der dem Notenbild für "hoch" und "tief" entspricht.)

4. Aufgabe

Mit den Metallinstrumenten sollen auch freiere Spiele versucht werden. Hierfür bekommt jeder Spieler ein Instrument in die Hand: Triangel, Cymbel, Becken oder Gong. Die Darstellung bestimmter Vorgänge schafft Motivierungen zum formalen Gestalten, z. B. "Der Wind trägt den Klang der einzelnen Glocken einmal stärker einmal schwächer heran."

II SPIEL MIT TÖNEN

A) Glocke spielen

Auf Stabspielen wird das Glocke-Spielen fortgesetzt.

4. Aufgabe

Wahrscheinlich sind die Kinder im "Tempo" ihrer Glocken noch sehr voneinander abhängig. Darum fragt die Leiterin, welche Glocken langsamer klingen: die dunklen oder die hellen. Wenn die Kinder sich entschieden haben, fordert die Leiterin alle Kinder, die dunkle Töne haben, auf, ohne die anderen und in dem dafür verabredeten Charakter zu spielen; danach spielen nur die hellen Glocken, diese im anderen Tempocharakter.

Als Stabspiele mit dunklen Tönen gelten immer die verhältnismäßig tiefsten Instrumente, also entweder Baß- oder Altxylophon, evtl. Metallophon — gegen Sopranxylophon und Glockenspiele, oder, wenn ein Baßxylophon fehlt: alle Xylophone und Metallophone — gegen alle Glockenspiele. Die Kinder sollen dies entscheiden. Von nun an sollen die Glocken immer in ganz verschiedenen Tempi gespielt werden. Damit sich die Kinder in Tempo und Charakter weniger nach einander richten, ist es zunächst günstig, wenn alle Glocken zugleich beginnen.

5. Aufgabe

Die Kinder sollen sich immer mehr abgewöhnen, auf den Stabspielen zu "dreschen". Sie haben gelernt, vor allem die in der Bewegung leichtesten und beschwingtesten Anschlagsarten anzuwenden: mit beiden Schlegeln zugleich schlagend nach "oben" und "unten" schwingen oder mit beiden Händen in spielerischer Abwechslung schlagen. Die Leiterin kann nun noch eine neue Art von "Glocke" zeigen: Sie spielt bei Anwendung einer der obengenannten Anschlagsarten ein Glockenmotiv mit einem Halteton, also einer Pause, etwa so:

♪ ♪ ♪ ♪ ♩ :‖ oder ♪ ♪ ♩ ♪ ♪ ♩ :‖ oder 𝄞 ♩ ♩ :‖

Sie wiederholt dies einige Male. Die Kinder sollen erkennen, was das Besondere an dieser Glocke ist. Danach probieren sie alle zugleich Glocken mit Haltetönen aus, jedes auf seine Art; anschließend führt jedes Kind seine Glocke kurz allein vor.

6. Aufgabe

Die Kinder verwenden und vermischen nach Belieben die verschiedenen Glockenarten: großes Pendeln mit beiden Armen zugleich, abwechselnd Schlagen mit beiden Händen und Glocken mit Haltetönen, die im übrigen aber auch aus der Hin- und Herbewegung entstehen sollen. Wenn ein Kind das An- und Auswinken übernimmt, soll es wissen, daß nicht etwa die Glocke, die beim Spielen beginnt, auch beim Aufhören die erste sein muß. Beim Auswinken kommt es lediglich darauf an, daß die Glocken, die ihm weniger gefallen, zuerst schweigen sollen und daß man die schönste Glocke zum Schluß allein hört. Das gute Hinhören und Auswählen wird jetzt sehr wichtig.

Einige Kinder der Gruppe machen beim Glocke-Spielen vielleicht immer noch aus Scheu oder aus mangelnder innerer Beteiligung etwas steife Arme. Man kann sie oft durch die Frage lockern, ob ihre Glockenschwengel rostig seien.

Jetzt dürfen die Kinder auch versuchen, allein eine schöne und eine häßliche Glocke vorzuspielen und raten zu lassen, welches die schöne war.

B) Das Gegenüberspiel

1. Aufgabe: *"Pendeln oder auf der Stelle?"*

Die Bewegungsaufgabe mit Auf-der-Stelle-Treten, wenn die Melodie ihren Ton wiederholt, muß für die folgende Übung, am besten direkt, vorangegangen sein. Die Kinder probieren alle zugleich, wie man es auf dem Instrument macht, daß die Töne eine Weile weitergehen und dann eine Weile auf der Stelle treten (Tonwiederholungen, auf Stabspielen mit beiden Händen abwechselnd). Dann darf jedes Kind der Reihe nach etwas derartiges vormachen, und die andern sagen, ob und wann die Melodie auf der Stelle getreten hat.

Danach spielt die Leiterin, möglichst auf einem anderen Instrument als dem Stabspiel, ein regelmäßiges Hin und Her zwischen zwei wenig entfernten Tönen. Die Kinder sollen mit den Armen in der Luft zeigen, was sie hören (wippen, pendeln?). Dann wird dies auf den Stabspielen versucht. Dabei soll man auch unterscheiden lernen, wie es klingt, wenn man mit benachbarten Tönen pendelt oder, wie bei mancher Glocke, mit zwei entfernten Tönen.

Nach dieser Vorbereitung beginnt das "Gegenüberspiel": Die Kinder sitzen im Kreis mit Stabspielen (Flöten, Schmalzithern und ähnlichen leicht spielbaren Instrumenten). Je zwei gegenübersitzende Kinder gehören als Partner zusammen, die sich im Verlauf des Spiels etwas vor- und nachspielen sollen; sie können evtl. zwei verschiedene Instrumente haben.

Der erste im Kreis spielt seinem gegenübersitzenden "blinden" Partner entweder eine Tonwiederholung oder eine Pendelei in kurzer Form vor; der Partner soll dasselbe sofort nachmachen. Tonhöhe ist Nebensache, aber bei Tonwiederholungen sollten auch Tempo und Dauer gut imitiert werden, und bei einer Pendelei sollte man schon unterscheiden, ob die Pendeltöne mehr benachbart sind oder weit auseinander. Sowie der Nachspieler geendet hat, macht der Nachbar des ersten Vorspielers ein neues kleines Vorspiel aus Tonwiederholungen oder Pendelei für sein Gegenüber, und so geht es weiter, bis jeder einmal Vor- und einmal Nachspieler war.

Das Ganze soll ohne Reden und ohne viel Besinnen von einem Partnerpaar zum nächsten durch den Kreis laufen. Auf ein "falsches" Nachspielen wird weder durch Reden noch durch Zögern reagiert.

Vielleicht halten sich die Kinder nicht genau an die Regel und bringen innerhalb eines Vorspiels sowohl Tonwiederholungen als auch eine Pendelei oder ganz "ungeplante" Sprünge. Wenn es für den Nachpsieler nicht zu kompliziert wird, läßt man es gelten.

C) Vogelrufe

3. Aufgabe

Die Leiterin macht auf dem Stabspiel verschiedene e i n f a c h e Vogelrufe aus je zwei Tönen vor, z. B.:

♪ ♪ ♩ 𝄽 :‖ oder ♩ ♩ ♩ ♩ 𝄽 :‖ u. ä.

Die Kinder dürfen danach alle zugleich Vogelrufe aus zwei Tönen ausprobieren; wer schon Blockflöte spielt, kann es auch darauf versuchen. Dann darf wieder jedes Kind seinen Vogel vorführen.

4. Aufgabe *(Hierbei dürfen Flöten nur zum Vorspielen benutzt werden)*

Jedes Kind soll seinen Vogelruf möglichst unverändert zweimal hintereinander spielen; seine drei Nachbarn zur einen Seite spielen ihn zugleich ebenfalls zweimal nach. Dann bringt der Nachbar des ersten Vorspielers zur andern Seite einen neuen Vogelruf für seine drei Nachbarn entsprechend dem ersten Vorspieler, auch zweimal; er wird von den dreien imitiert usw. Zur e i n e n Seite sitzen die drei Nachspieler, zur a n d e r n Seite setzt sich jeweils das Vorspielen fort.

Bei diesem Spiel werden einfache und kompliziertere, vielleicht auch dreitönige Vogelrufe zu hören sein. Es wird nicht erwartet, daß die Kinder alles "richtig" imitieren. Sie brauchen zunächst nur zu hören, ob der Ruf mit dem dunkleren oder dem helleren Ton beginnt, und sollten Tonwiederholungen erkennen.

Sicherlich kommen jetzt u. a. der Kuckucksruf ♪ ♪ und der Meisenruf ♪♪♪ ♪ 𝄾 vor. Die Kinder benennen sie mit "Kuckuck" und "Zizibe" und machen vielleicht ein kleines Gegenüberspiel, bei dem der Vorspieler nur entweder Kuckuck oder Zizibe vorspielen darf.

Soll man auch ein Gegenüberspiel mit beliebigen Vogelrufen wagen? — Hierbei dürften sich die Partner jeweils einige Male gegenseitig zuspielen, ehe das nächste Paar beginnt. Zum Spaß ist gelegentlich ein Specht mit seinem Klopfrhythmus auf Holz zwischen den Vogelrufen; er wird mit irgendeinem Holzklang imitiert.

II ZUM FEIERN UND SPIELEN

(Spielidee — auch für größere Gruppen)
"Der Vater wacht auf"
Bei besonderen Anlässen kann man mit den Kindern ein richtiges "Spiel" machen, das ihnen, abgesehen von der Lautstärke, fast uneingeschränkte Freiheit läßt:
"Ihr seid die Kinder einer großen Familie und wollt bei Nacht, während die Eltern schlafen, noch einmal leise für euch Musik machen. Jeder darf spielen, was und wie er will, aber wenn es nur ein bißchen zu laut wird oder wenn einer spricht, wacht der Vater auf und kommt mit schweren Schritten an". Die Leiterin zeigt die Schritte auf einer Pauke. "Dann müssen alle Kinder weglaufen oder sich verstecken".

Das Spiel wird mit dem leisen Hereinschlüpfen der Kinder von draußen her begonnen. Die Leiterin vertritt wahrscheinlich selbst den Vater auf der Pauke.

Dieses Spiel ist als Lernvorgang nicht ganz so unergiebig, wie es erscheinen mag. Man lernt, auch ohne eine vorhergehende Verabredung, schweigend zu musizieren; man lernt, innerhalb vieler verlockender Möglichkeiten, Entscheidungen zu treffen, also die "Freiheit" zu gebrauchen. Die Leiterin kann beobachten, welche Instrumente die Kinder bevorzugen und wieviel Fantasie sie unbeeinflußt entwickeln, und sie kann diese Beobachtungen vielleicht in späteren Lektionen auswerten. Auch läßt sich sogar dieses Spiel mit gewissen Forderungen weiterentwickeln: Wenn es bei nächster Gelegenheit wiedergespielt wird, heißt es: "Die Kinder üben etwas für Mutters Geburtstag; darum soll es gut zusammenklingen". Was unter "gut zusammenklingen" verstanden wird, bleibt den Kindern überlassen. Natürlich werden wieder die Vaterschritte angedroht, die einem zu lauten Spiel ein Ende machen. Das Ziel dieser Spielform ist das "Vorspiel" vor einer als Mutter fungierenden Person. Durch die Gewöhnung an das leise Spielen "bei Nacht" werden die Kinder beim "Vorspiel" kaum auf den Gedanken kommen, lärmend zu spielen.

Will man das Spiel fortsetzen, so kann nun ein Ständchen für den Vater bei Nacht vorbereitet werden, Bedingung: Es muß ganz anders klingen als die Musik für die Mutter, und es dürfen nicht dieselben Instrumente wie vorher benutzt werden.

Beim Vorbereiten eines Ständchens gäbe es noch Versionen mit bestimmten Forderungen, z. B.: Zum nächtlichen Spiel kommen die Kinder in längeren Abständen nacheinander herein, und nur der erste darf spielen, was und wie es ihm gerade einfällt, soll aber bei dem gewählten Instrument und der Spielweise bleiben. Der zweite soll sich in Ruhe ein Instrument und eine Spielweise wählen bzw. ausprobieren, die zum Spiel des ersten besonders gut paßt, und dabei bleiben; der dritte muß sich in seiner Auswahl wieder nach den zwei schon Spielenden richten usw.

Man kann auf diese Weise auch bewußt zwei im Charakter gut unterschiedene Ständchen für die Mutter und den Vater vorbereiten. Die Kinder können ohne den Erwachsenen verabreden, für wen (einschl. Großmutter, Briefträger usw.) das nächste Ständchen sein soll, und den Erwachsenen nachher raten lassen. Sicherlich findet man noch mehr Versionen, solange das Spiel die Kinder interessiert.

Diese Spiele sind für Kinder bis zu acht oder neun Jahren geeignet.

III. ABSCHNITT

III BEWEGUNG

A) Die Füße hören die Musik

Das Gehen zur Musik ohne und mit Tempowechsel, gelegentlich mit Laufen und Hüpfen zu entsprechenden Rhythmen, wird fortgesetzt, ebenso das Gehen zu bestimmten Melodien, bei deren Schluß haltgemacht wird. Die für das letztere verwendeten Melodien dürfen schon etwas länger sein.

8. Aufgabe

Die Kinder bilden zwei Ketten, und es wird vereinbart, daß die eine Kette während eines ganzen Melodieablaufs geht, während die andere steht. Für den nächsten Melodieablauf werden die Rollen gewechselt usw. Es kommt hier darauf an, daß die gehende Kette vor dem Wechsel rechtzeitig bremst und die stehende Kette sich rechtzeitig in Bewegung setzt. Beim ersten Ton des neuen Melodieablaufs sollen die Kinder der betr. Kette auch den ersten Schritt tun. Während mehrerer Melodieabläufe bleiben immer dieselben Kinder an der Führung ihrer Kette.

Die Spielerin darf bei dieser Übung k e i n e Pausen zwischen den Melodieabläufen machen. Nur wenn eine Melodiestrophe direkt an die vorige anschließt, kann auch die neue Kette pünktlich losgehen lernen.

Die Wege der Ketten kann man ein wenig gestalten; da gibt es viele Möglichkeiten, z. B.: Wann soll die gehende Kette sich von den andern fortbewegen, wann sich ihr nähern?

9. Aufgabe

An einer Stelle steht eine Pauke. Von ihr aus gehen alle Kinder zur bekannten Melodie in eine beliebige Richtung, sollen aber beim Schluß der Melodie wieder bei der Pauke sein und beim letzten Melodieton – nicht vorher – einmal auf die Pauke schlagen. Wenn die Kinder zu grob und undiszipliniert auf die Pauke schlagen, nimmt die Leiterin anstatt der Pauke eine Cymbel oder ein Becken und gibt jedem Kind einen nicht zu harten Schlegel in die Hand. Dann summt sie die Melodie und hält die Cymbel hin; sowie ein "richtiger" Schlußschlag darauf gemacht wurde, verschwindet die Cymbel, so daß die Zuspätkommenden nicht mehr schlagen können. Wenn ein Kind zu hartem Schlag ausholt, weicht die Cymbel aus.

Bei großer Gruppe braucht man zwei Pauken in angemessen weitem Abstand, um die sich je eine Gruppenhälfte sammelt. Es wird dann entweder vereinbart, daß jedes Kind nach einem kleinen runden Weg beim Melodieschluß auf die "eigene" Pauke schlägt oder daß jedes Kind zur andern Pauke geht und beim Schlußton darauf schlägt.

Verzaubern durch Instrumente

6. Aufgabe

Für das Verzaubern stehen nun zwei oder drei Instrumente, nach Belieben Holz, Schellenring, Fell, zur Verfügung. Jedes Instrument wird von einem anderen Kind gespielt. Ohne Verabredung der Reihenfolge macht eins dieser Kinder den Beginn durch ein nicht zu langes Anspielen seines Instruments. Dadurch werden die mimenden Kinder in das betr. Wesen verwandelt; aber sie stehen nun nicht still, wenn das Instrument schweigt, sondern dürfen beliebig lange verzaubert sein, hören also zu verschiedenen Zeitpunkten auf, sich zu bewegen.

Wenn mindestens drei Kinder wieder stillstehen, darf das zweite Instrument angespielt werden, worauf sich die Kinder, die stillstanden, entsprechend neu verwandeln. Auf diejenigen, die noch das erste Wesen darstellen, wirkt der neue Zauber nicht. Nach Belieben wird noch ein neues Instrument angespielt, sobald wieder genug Kinder stillstehen. Nach der Dauer des Instrumentalklangs sollen die mimenden Kinder hierbei also nicht hören; um so mehr sollen aber Instrumentalklang und Bewegung an sich differenziert werden. Ähnlich wie auf dem Fell versucht man, "Schritte" auf dem Holzinstrument verschieden zu gestalten: laut oder leise, langsam oder schnell, regelmäßig oder unregelmäßig. Auch die Schellenringe kann man verschiedenartig spielen. Die mimenden Kinder sollen das jeweilige "Vorspiel" auf dem Instrument gut beobachten und sich dementsprechend in Haltung und Bewegung verwandeln.

B) Singen mit Darstellung

Knusper, Knusper, Knäuschen (Spielidee)

Die Leiterin erinnert die Kinder an die Stelle aus "Hänsel und Gretel", wo die beiden am Hexenhäuschen knuspern. Sie spricht mit den Kindern den Vers:

"Knusper, Knusper, Knäuschen,
wer knuspert an meinem Häuschen?"
"Der Wind, der Wind, das himmlische Kind!"

und fängt an zu singen: Knusper, Knusper, Knäuschen . . .
Die Kinder sollen weitersingen, wie sie es möchten.

Die zweite Vershälfte "Der Wind, der Wind . . ." wird sicherlich von allen Kindern recht verschieden gesungen. Man sucht sich das Lebendigste — aber nicht das Kompliziertste — heraus und einigt sich darauf. Jedenfalls paßt hier nicht mehr der vorher geltende Vierertakt, sondern der Dreiertakt, wie ihn die Vershälfte selbstverständlich enthält und wie ihn die Kinder auch von selbst singen:

Wenn alle das Lied singen können, fragt die Leiterin, wie es wohl klingt, wenn Hänsel und Gretel knuspern. Vielleicht finden einige Kinder von sich aus den zarten Klang von Schlegelstielen aufeinander oder auf Holz. Auch alle anderen Klangerfindungen, die dem "Knuspern" entsprechen, werden mitverwendet.

Nun wird das Lied, bevor man es singt, mit "Knuspern" eingeleitet. Man sollte am Knuspern schon hören, in welchem Takt das Lied geht! Während des Liedes wird "weitergeknuspert".

Wie klingt "Der Wind, das himmlische Kind"? — Die Kinder kommen wahrscheinlich auf das Fell-Streichen, oder sie schlagen oder wischen leise die Cymbel. Nun wird im ersten Teil des Liedes "geknuspert" und im zweiten Teil hört man nur den Wind, der sich natürlich auch nach dem Takt des Liedes richten soll.

Als drittes wird probiert, wie es klingt, wenn die Hexe mit ihren Pantoffeln herausschlurft. Es darf nicht zu ähnlich wie der Wind klingen. Wenn auch für die Hexe etwas Passendes gefunden ist, werden die Rollen verteilt: Einige Kinder knuspern — nur im ersten Versteil —; einige machen im zweiten Versteil den Wind und e i n Kind darf jeweils die Hexe machen, die sehr langsam, aber auch im Takt des Liedes, schlurft.

Wo Platz genug ist, kann die "Hexe" sich auch, anstatt das Schlurfen auf dem Instrument oder mit der Stimme zu machen, in den Raum stellen und t a t s ä c h l i c h heranschlurfen.

Das Windmühlenspiel

1. Fortsetzung

Zwei Kinder stellen in einem Spielablauf je einen Wind dar. Sie stehen voneinander entfernt, haben mit oder ohne Instrument ganz verschiedene Windgeräusche und machen diese zunächst nacheinander vor. Die übrigen Kinder sind die Windmühlen, suchen sich aus, welchem Wind sie gehorchen wollen und gehen in den Teil des Raums, wo "ihr" Wind bläst. Dann beginnt das Spiel mit zwei Windmühlengruppen.

Die Winde sollen ihre Stöße ganz unabhängig voneinander und mit der gewohnten Unregelmäßigkeit und den großen verschieden langen Pausen machen. Auf diese Weise hört man manchmal beide Winde fast zugleich, dann wieder beinahe abwechselnd, oder es fährt der eine Wind dem andern beim besten Blasen dazwischen. Die Windmühlen sollen b l i n d zuhören und immer nur ihrem eigenen Wind gehorchen.

Geht dasselbe in größeren Gruppen auch mit drei Winden?

2. Fortsetzung

Die zwei oder drei Winde bleiben nicht am Platz, sondern gehen zwischen den Windmühlen umher, die ihrerseits weiterhin nur dem "eigenen" Wind gehorchen sollen, auch wenn der andere gerade näher ist. Die "Parteien" unter den Windmühlen stehen dann nicht als Gruppen zusammen, sondern beliebig durcheinander und zeigen ihre Zusammengehörigkeit auf andere Weise; wie?

(Die dritte Fortsetzung steht im IV. Abschnitt unter "Dynamik und Klang".)

III RHYTHMUS

A) Die Hände laufen

7. Aufgabe

Die Leiterin summt eine Melodie und klopft dazu eine Weile im mittleren Tempo und eine Weile doppelt so schnell gleichmäßige "Schritte". Die Kinder sollen raten, wer so gegangen ist: ein alter Mann, eine junge Frau oder ein Kind?

Wenn die Kinder es geraten haben, summt oder spielt die Leiterin dieselbe Melodie noch einmal, und die Kinder sollen d a z u auf Fell oder Holz nach Belieben Schritte "der jungen Frau" oder eines laufenden Kindes darstellen. Wenn die Kinder noch so abhängig voneinander sind, daß sie hierbei alle dasselbe tun, teilt man sie am besten in zwei Gruppen ein, von denen jede nur e i n e der beiden Schrittarten zur Melodie klopft. Später soll jedes einzelne Kind sich, bevor die Musik wieder beginnt, entschließen und sagen, welche Schritte es machen will.

Die Melodie muß für diese Übung einen deutlichen tänzerischen Rhythmus haben, damit es den Kindern gelingt, dazu "im Takt" zu klopfen.

8. Aufgabe

Die Kinder haben schon damit begonnen, in einfacher Form rhythmisierte Tierschritte zu klopfen. Jetzt sollen sie auch besondere Schrittarten von Menschen darstellen, z. B. eines humpelnden Mannes oder verschiedene Arten von "Tanzschritten".

Beim "Humpeln" sind beide Spielregeln: "e i n Humpler" und "Tutti-Solo" anwendbar. Jedes Kind, das solo "humpelt", darf es auf seine eigene Weise, also nicht genau im Tempo des Tutti, ausführen.

Vom Wesen eines "Tanzschrittes" muß die Leiterin sicherlich erst eine genauere Vorstellung geben. Sie fragt: "Ratet, wann ein Kind geht, wann es läuft, wann es hüpft und wann es tanzt." Sie spielt als Gehen und Laufen langsamere oder schnellere gleichmäßige Schrittrhythmen, als Hüpfen den bekannten punktierten Rhythmus und als Tanzen kleine rhythmische Ostinati wie: ♩♩♩ :‖ ♩ ♩♩♩♩ :‖ ♩ ♩♩ :‖
Wenn die Kinder das Tanzen herausgehört haben, dürfen sie eine kurze Zeit alle durcheinander "Tanzschritte" auf Fell oder Holz ausprobieren. Dann wird "Tutti-Solo" gespielt, wobei die Leiterin und bald danach je ein Kind einen bestimmten Tanzrhythmus erfindet, genau wiederholen und damit den Ablauf anführen.

9. Aufgabe Melodiebegleitungen in zwei Klangregistern

Die Kinder sind zum Begleiten einer Melodie wieder in zwei Gruppen mit verschiedenen Schlagklängen eingeteilt. Zum ersten und zweiten Ablauf der Melodie soll jetzt nur ein Vorspielerpaar, also je e i n Kind von jeder Gruppe mitspielen, und zwar, wie gewohnt, mit Abwechslung an vorher nicht vereinbarten Stellen. Zum dritten und vierten Melodieablauf sollen alle andern das, was die Vorspieler getan haben, genau nachmachen.

Für das Vorspielerpaar muß man zunächst besonders sichere Kinder nehmen; später kann jeder Vorspieler sein.

B) Die Pauke spricht

6. Aufgabe (auch für große Gruppen)

Alle spielen *"Negerdörfer"*. Jeder Mitspieler ist ein Neger und wohnt in seinem eigenen Dorf. Die Dörfer liegen alle so weit voneinander entfernt, daß die Neger sich nicht oft besuchen können. Darum müssen sie sich ihre Nachrichten durch Trommeln weitergeben.

Wenn genug Platz vorhanden, setzen sich die Kinder mit Trommel oder Pauke weit auseinander, aber im Kreis oder in einer runden Linie, damit die Reihenfolge sich von selbst versteht. Die Leiterin ist der "erste Neger" und gibt erst mündlich eine Nachricht, z. B.:

"Achtung, Krokodile".

♩ ♩ ♪ ♪ ♩

Dann klopft sie dieselbe Nachricht auf die Trommel, damit es der Neger im nächsten Dorf hört. Dieser muß die Nachricht nachklopfen, damit der übernächste sie hört und so fort. Ob der letzte noch "Achtung, Krokodile" nachklopft?

Jedes Kind ist einmal erster Neger. Es soll nur keinen zu langen Satz sagen und rhythmisch ebenso klopfen, wie er seinen Satz spontan spricht.

Das Klopfen von wirklichen Sätzen ist hierbei nur der Ausgangspunkt. Binnen kurzem werden rhythmische Phrasen auch ohne Worte als "Trommelnachricht" akzeptiert.

In Schulklassen geschieht das Weitergeben der Nachricht gruppenweise.

Wenn die Nachricht einmal heißt: "Heute Nacht ist Tanzen im Kral", kann natürlich der Negertanz erfolgen. Die Runde der Fellspieler ist der Kral und in der Mitte tanzen immer einige "Neger" nach dem lebhaften Getrommel der andern.

C) Klatschen und Patschen

3. Aufgabe

Wenn die zweite Aufgabe im "Klatschen und Patschen" wiederholt wurde, bis sie den Kindern leicht fällt, stellt die Leiterin eine neue Aufgabe: daß die Kinder n u r das Klatschen mitmachen und beim Patschen lediglich zuhören sollen. Das fällt den Kleineren wegen ihres schwer regulierbaren Nachahmungstriebs nicht leicht. Darum sollte der

Klatschton immer an exponierter Stelle des jeweiligen Rhythmus gebracht werden. Gelegentlich fordere man die Kinder auf, blind mitzuklatschen; das verhilft zur Konzentration auf den rein akustischen Vorgang.*

Wenn die Leiterin gerade anführt, läßt sie dabei vielleicht, zunächst unbemerkt, das eigene Klatschen fort.

Bei dieser Übung kann, wie in der ersten Aufgabe unter diesem Thema, das Tempo bei Anführung durch die Leiterin vorsichtig verändert werden. Bei Anführung durch die Kinder bleibt das Tempo das gleiche.

Mit dem Tutti-Solo-Vorgang kann man diese Übung nicht verbinden.

III DYNAMIK UND KLANG

A) Lärmphasen

4. Aufgabe

Die dynamischen Unterschiede der Lärmphasen sollen noch mehr differenziert werden. Die Leiterin gibt, um etwas Neues zu zeigen, selbst die Signale für mehrere Phasen und stellt dabei durch ihre Ausholbewegungen nicht nur zwei, sondern mehrere und feiner unterschiedene Lautstärken dar. Die Kinder sollen alles genau abnehmen, also auch noch "leise" von "ganz leise" unterscheiden. Holzschlegel sind hier zum Mitspielen ungeeignet, da man mit ihnen nicht leise genug schlagen kann.

Für das ganz verschieden laute Spiel auf Fell muß man jetzt bestimmte "Techniken" lernen. Leise wird es z. B., wenn man mit allen Fingern auf dem Fell "Regen" macht, und noch leiser, wenn man zum "Regnen" nur je zwei Finger benutzt. Zum stärkeren Fellklang braucht man bei Lärmphasen, die ja aus kurzen "Klangbändern" und nicht aus Einzelschlägen bestehen sollen, das schnelle Schlagen beider Hände abwechselnd mit flachen "Brettfingern" am Fellrand.

Die Kinder sollen ausprobieren, wie man mit Metallinstrumenten leisere und lautere, durchgehende bzw. tremolierende Klänge hervorbringen kann.

5. Aufgabe

Die Leiterin führt nun nochmals verschieden lange Phasen mit der Cymbel an, indem sie jeweils die erwartete Lautstärke durch ihre Anschlagsbewegung genau verrät. Die Kinder beobachten es gut und versuchen, das Erratene auf ihren Instrumenten oder Tischen – ohne Schlegel – zu verwirklichen.

Später führen sie auch selbst diese Übung an, zunächst nur mit je einer Phase, dann mit zwei oder auch drei in der Lautstärke klar unterschiedenen Phasen. Sie sollen dabei ihre Bewegungen so gut führen, daß alle Kinder auch feine Unterschiede deutlich wahrnehmen und mitmachen können.

Da hier die Konzentration den dynamischen Abstufungen gilt, braucht ein Unterschied der Längen vorerst nicht beachtet zu werden.

B) Auto (oder Wind) spielen

Das gleichzeitige oder aufeinanderfolgende Darstellen von Autogeräuschen wird weitergemacht. Vielleicht entdecken die Kinder noch Autogeräusche mit anderen Klangfarben oder mit der Stimme?

---

* Im Sommer, wenn die Kinder auf ihre bloßen Schenkel patschen, klingen Patschen und Klatschen gleich hell. Es fehlt also die Motivierung dafür, nur den Klatschton mitzumachen. Für das jeweils anführende Kind läßt sich leicht eine Lösung finden: ein Kissen auf die Knie oder eine Pauke für den Patschton. Man kann auch am Boden hocken und für den Patschton auf den Boden schlagen.

Wenn man bei diesem Spiel anstatt an Autos an den Wind denkt, kann man wohl noch mehr Fantasie entwickeln. Ein Windstoß verläuft oft langsam und bringt noch mehr dynamische und klangliche Veränderungen als das Vorbeifahren eines Autos. Man kann summend, zischend, pfeifend oder z. B. auf dem Fell durch Veränderung von Berührungsstelle, Fingerhaltung, Fahrt und Druck mit Genuß ausspielen, wie der Wind singt und faucht.

3. Aufgabe

Während vieler aufeinanderfolgender Windstöße soll aus dem Wind ein Sturm werden. – Wie macht man das?

Die Leiterin wartet ab, was die Kinder vorschlagen. Vielleicht kann man es so machen: Jeder hat seine Art Windgeräusch, und einer nach dem andern reihum macht alleine einen Windstoß. Es fängt sehr leise an, und der Wind macht noch große Pausen. Dann werden die Stöße dichter und lauter. Wann der Sturm seinen Höhepunkt haben soll, wird nicht verabredet, auch nicht während des Spielablaufs gezeigt! Man soll es spüren und danach den Sturm wieder langsam abflauen lassen.

Ob man das Strumgeräusch auch durch Zugleichspielen von mehreren verstärken kann?

C) Spiel mit Cymbeln

5. Aufgabe

Wenn die Hörübungen mit jeweils nur zwei Cymbelschlägen mehrmals gemacht wurden, kann man dasselbe mit je drei Schlägen hintereinander versuchen, ohne jedoch die Cymbeln zu vermehren.

6. Aufgabe

Die Leiterin gibt auf ein und derselben Cymbel einen Schlag, dessen Nachklang sie sofort durch Zufassen mit der ganzen Hand abstoppt, und danach einen Schlag, der ausklingt. Die Kinder erzählen, was sie gehört haben, und geben auch dem kurzen Schlag seinen besonderen Namen: aus "ting" wird vielleicht "tick", aus "wum" wird "wupp" o. ä.

Nun werden mit den neuen Möglichkeiten je zwei Schläge auf einer Cymbel, später auf zwei Cymbeln vorgespielt und nachgesummt, bei sehr kleinen Gruppen auch nachgespielt. Wie sonst sollen die Kinder auch nachahmen, wie schnell oder langsam die Schläge aufeinander folgten.

Die Ausnutzung der neuen Möglichkeiten bei drei Schlägen hintereinander ist für das Nachahmen zunächst noch zu schwer.

7. Aufgabe   (Spielidee – auch für größere Gruppen)

"Die Glockenschlegel sind rostig, weil die Glocken lange nicht gespielt wurden. Darum geben sie zuerst nur stumpfe (abgestoppte) Schläge. Einige Glocken kommen im Lauf des Spiels wieder zum richtigen Klingen, einige bleiben rostig."

"Läuschen hat sich verbrannt" (Spielidee)

Das Grimmsche Märchen "Läuschen und Flöhchen" wird erzählt oder vorgelesen. Darin kommt der Reim vor, der sich immer verlängert:

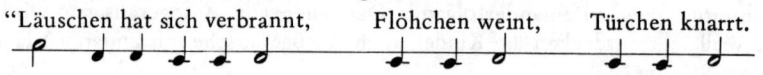

"Läuschen hat sich verbrannt,   Flöhchen weint,   Türchen knarrt.

(Wägelchen rennt,   Mistchen brennt,   Bäumchen schüttelt sich.")

Dieser Singvers kann in der angedeuteten Weise weitergesungen werden; bei "Bäumchen schüttelt sich" werden die Kinder aufgefordert, es von sich aus weiterzusingen, vielleicht fällt ihnen etwas Besseres ein als die weitere Wiederholung der beiden Töne, mit denen man vorher "aufgezählt" hat.

Dann kommen die Geräusche. Wie klingt es, wenn Flöhchen weint? Die Kinder probieren es auf Instrumenten oder Gegenständen aus, die eine "Flöhchenstimme" haben. Vielleicht kann ein Kind schon Flöte spielen?

Wie knarrt das Türchen? (Vielleicht den Stuhl oder die Pauke rücken?)

Wie klingt es, wenn das Besenchen kehrt?

Alles wird ausprobiert. Zum "Brennen" könnte knisterndes Staniolpapier nützlich sein. Es wird aber keine Klangquelle verraten, sondern nur sichtbar zur Verfügung gestellt. Die verschiedenen "Klang-Rollen" werden auf die Kinder möglichst so verteilt, daß jedes eine gute eigene Klangerfindung auch beibehalten darf.

Nun kann die Leiterin das ganze Märchen vorlesen. Die Aufzählverse werden gesungen und die angesprochenen Geräusche erscheinen jeweils und klingen noch eine Weile über das Liedende hinaus, ehe weitergelesen wird. Es werden immer mehr Geräusche zur gleichen Zeit.

Mit verhältnismäßig großen Kindern kann man aus dem Ganzen auch ein Ratespiel machen: Dann müssen alle den Aufzählreim kennen, die Klänge dürften jedoch noch nicht gemeinsam ausprobiert sein. Einer geht heraus, die andern lassen gemeinsam, aber jeder wie er möchte, ein bestimmtes der im Reim aufgezählten Dinge klingen; das Kind, das draußen war, rät, welches Ding gemeint war.

III SPIEL MIT TÖNEN

A) Glocke spielen

Das Glocke-Spielen wird nach wie vor in jeder Lektion weitergeführt; es interessiert die Kinder, auch wenn längere Zeit nichts grundsätzlich Neues dazukommt.

7. Aufgabe

Die Leiterin macht allein eine Glocke vor, die einmal leiser, einmal lauter wird. Wenn die Kinder das Schwanken der Lautstärke erkannt haben, sollen sie sagen, ob die wirklichen Glocken auch manchmal so klingen und wodurch (durch den Wind).

Das nächste Glockenspiel wird ohne Auswinken gemacht, und jedes Kind darf auf seine Weise dynamische Schwankungen spielen. Man probiert auch aus, ob alle Glocken zugleich lauter und leiser werden können, wenn ein mitspielendes Kind, ähnlich wie beim Autospielen, die dynamischen Schwankungen deutlich anführt. Es müßte dann ein Stabspiel haben, dessen Klang durchdringt. Beim Ausprobieren beider Arten könnte es auch Zuhörer geben, die sagen, ob die Unterschiede deutlich waren, und auch, welche von beiden Arten ihnen besser gefällt.

Vielleicht wird der Zuhörer ein Schlußzeichen geben müssen, weil die Glocken kein Ende finden wollen. Dann sollen die Glocken aber nicht alle zugleich erschreckt abbrechen, sondern in Ruhe nacheinander ausklingen. Ganz freiwilliges Aufhören zu rechter Zeit wäre noch besser.

Die Glocke ruft

1. Aufgabe

Die Leiterin spielt eine Glocke vor, die diesmal einen bestimmten bleibenden Rhythmus hat, aus dem man leicht den "Grundschritt" erkennen kann. Dabei wird den Kindern gesagt, daß es eine Glocke ist, die alle Leute zur Kirche ruft, und daß jedes der Kinder auch ein Kirchgänger ist und mit den Händen ganz leise die Schritte zur Kirche auf Fell oder Holz machen kann. Dabei soll man gut nach dem Rhythmus der Glocke hören. Nach einer Weile ist man angekommen und "setzt sich hin"; dann hören die Schritte auf. Da jeder einen anderen Weg hat, kommen die einen eher, die anderen später in der Kirche an. Zuletzt geht nur noch einer hinein. Wenn alle drinnen sind, hört die Glocke zu läuten auf.

Die Kinder stellen das Ganze zum Ruf der Glocke dar und sollen jeder zu einer anderen Zeit "losgehen" und zu einer anderen Zeit "ankommen".

Dieses Spiel ist eigentlich eine Rhythmusübung, bei der es darauf ankommt, daß "die Hände die Musik hören". Da es aber von einer Glocke handelt und man ein Stabspiel dafür braucht, läßt es sich gut in das Glocke-Spielen einfügen.

Die Kinder können hierbei noch nicht die Glocke selbst anführen, da sie sicher nicht unterscheiden können, in welchem Glockenmotiv ein "Grundschritt" enthalten ist und in welchem nicht, und auch weil es ihnen schwer fällt, beim Glocke-Spielen das Tempo genau zu halten.

B) Das Gegenüberspiel

2. Aufgabe: "Auf- oder Abwärts?"

Die Leiterin singt oder spielt, möglichst nicht auf einem Stabspiel, eine Tonfolge aufwärts vor und fragt, ob die Töne ins Helle oder Dunkle gelaufen sind. Nach der Antwort kommt das Umgekehrte im Vorspiel mit der gleichen Frage. Bei dieser Gelegenheit sollen die Kinder lernen, daß "ins Helle hinein" mit "aufwärts" bezeichnet wird und "ins Dunkle hinein" mit "abwärts". Sie sollen dann zu neuen vorgespielten Tonfolgen, die jeweils nur in eine Richtung gehen, mit den Armen aufwärts oder abwärts zeigen. Plötzlich kommt auch eine Tonwiederholung im Vorspiel – was nun?

Für das nächste Gegenüberspiel gilt die Frage: aufwärts oder abwärts oder Töne auf der Stelle? Jeder Vorspieler darf also entweder nur aufwärts oder nur abwärts oder nur Tonwiederholungen bringen. Manche Kinder werden die Regel mehr oder weniger unbewußt durchbrechen, z. B. ein Heraufgehen mit einem Heruntergehen oder einer Tonwiederholung zusammenfügen. Ehe man es korrigiert, warte man ab, ob es nicht vom Nachspieler verstanden und einigermaßen treffend imitiert wird.

Kinder, die gut und gern singen, dürfen auch vorsingen, anstatt vorzuspielen; die Imitation gehört aber immer auf das Instrument.

Als Ausgleich zu diesen strengen Aufgaben wird ein freies Spiel zwischen den jeweiligen Partnern gemacht. Die Reihenfolge bleibt, aber man spielt nun "Frage und Antwort" miteinander. Der erste spielt etwas beliebig Kurzes, der zweite soll beliebig darauf antworten. An seinem Antwortspiel soll man deutlich erkennen, daß er seinem Partner zugehört hat.

C) Vogel- und Menschenrufe

5. Aufgabe

Wenn die Kinder auf dem Stabspiel Kuckuck und Zizibe rufen können, wird auch der Ruf des Ali-Baba in der Räuberhöhle gesungen und zu spielen versucht:

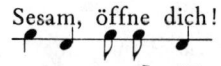

Sesam, öffne dich!

Die Kinder versuchen erst alle durcheinander, den Ruf zu spielen. Dann dürfen sie einzeln nacheinander probieren, vielleicht bei großer Gruppe auch zwei zugleich. Die andern Kinder müssen dabei warten und zuhören lernen; sie sollen das vorspielende Kind nicht durch Dazwischen-Spielen stören. Allerdings sollte man nicht bei jedem Kind warten, bis es den Ruf richtig kann; man muß zunächst oft ohne Korrektur "fünf gerade sein lassen". Es schadet andrerseits nichts, wenn ein schnelleres Kind dem langsamen von sich aus etwas zeigt.

Die nicht gut hörenden Kinder irren sich oft, wenn sie das Spiel ihres Gegenübers vom Sehen her imitieren und dabei die Spiegelbildwirkung noch nicht begriffen haben. Man muß sie immer wieder fragen: "Auf welcher Seite deines Stabspiels sind die hellen Töne?" Aber niemals darf beim Tönesuchen ein tadelndes oder entmutigendes Wort fallen! Hier gilt nicht weniger als bei allen anderen musikalischen Übungen: nichts erzwingen, nichts zu genau zeigen, k o m m e n   l a s s e n !

Wie in der 2. Aufgabe in "Die Pauke spricht" hat auch das Rufen mit Tönen eine Funktion, und die Felsen rumpeln auseinander, wenn der Ruf richtig erklang.

Es bleibt bei diesen Übungen dem Ermessen der Leiterin überlassen, wie lange sie sich mit dem grundsätzlichen Unterscheiden von "hell" und "dunkel" begnügen will und jedes Intervall gelten läßt, wenn nur die Richtung "aufwärts" oder "abwärts" stimmt, und von wann an sie die "Ruftöne" c-a oder f-d hierfür eindeutig bestimmt. Die Ruftöne umrahmen in einer pentatonischen Tonreihe jeweils eine Lücke; dadurch können die Kinder sie leicht wiederfinden, wenn man sie ihnen einmal gezeigt hat.

6. Aufgabe

Aus dem Märchen "Einäuglein, Zweiäuglein und Dreiäuglein" wird erzählt, wie Zweiäuglein eine ganz besondere Ziege geschenkt bekommt. Wenn es ruft:

"Zieglein meck, Tischlein deck!",

so erscheint ein Tisch mit Essen und Trinken darauf.

Der Ruf "Zieglein meck, Tischlein deck", beginnt mit dem dunkleren Ton; das ist ungewohnt und macht zuerst Schwierigkeiten. Es wird den Kindern klarer, wenn sie den Ruf zuerst nur singen und beim hellen Ton immer klatschen. Danach sollen sie nur bei jedem "meck" und "deck" den helleren Ton anschlagen. Erst dann wird der ganze Ruf gespielt.

Auch dieser Ruf hat seine "Funktion". Die Kinder werden gefragt, wie es wohl klingt, wenn der Tisch mit den Tellern und Gläsern angeflogen kommt. Man probiert, das leise Klirren auf verschiedenen Instrumenten (Cymbeln, Triangeln?) nachzumachen und "belohnt" dann mit dem Klirren alle, die richtig gerufen haben.

III ZUM FEIERN UND SPIELEN

"Glockenläuten" auf zwei Arten   (Spielidee – auch für größere Gruppen)

Die Spieler werden in zwei Gruppen eingeteilt, die einander in zwei Halbkreisen gegenübersitzen oder -stehen. Die eine Gruppe hat Gong, Becken und Cymbeln; die andere, die aus etwas geübten Kindern bestehen sollte, sitzt zum Glocke-Spielen an Stabspielen mit pentatonischer Stabreihe. Die Gruppe mit den Metallinstrumenten macht den Beginn mit einem Glockenläuten. Nach einer Weile sieht einer der Metallspieler ein Kind von der Stabspielgruppe an; dann beginnt dieses mit "Glocke-Spielen", und der, der es ansah, hört auf. Dasselbe geschieht nun nacheinander von jedem Metallspieler aus, bis alle Stabspieler musizieren und die ganze erste Gruppe schweigt.

Damit man die reizvolle Mischung der Klänge von Metall und Stabspielen gut in sich aufnehmen kann, sollte der Übergang in sehr langsamer Folge vor sich gehen. — Wenn man will, geht das Klangspiel noch einmal in gleicher Weise von den Stabspielern zu den Metallspielern zurück.

Mit diesem Spiel kann man gut ohne Vorprobe eine Feier o. ä. einleiten. Das Glockenläuten auf Metallinstrumenten können natürlich Erwachsene ebensogut wie Kinder übernehmen. An die Stabspiele sollte man aber nur Kinder setzen, und zwar solche, die es schon öfter gemacht haben; sonst muß man zuviel erklären.

IV. ABSCHNITT
IV BEWEGUNG

A) Die Füße hören die Musik

Das Gehen, Laufen, Hüpfen zu einer Musik, die dies alles angibt, wird fortgesetzt. Vor allem wird das Gehen mit feineren Unterschieden im Tempo geübt, wobei die Kinder ihre Schritte immer genauer nach der Musik richten sollen.

Ein Kind darf jeweils die Schellentrommel zur Musik schlagen.

Als Melodien, an deren Ende man stillstehen oder losgehen soll, werden immer längere gewählt. Als Reaktion auf das Ende der Melodie läßt sich noch anderes tun als nur anhalten, z. B.:

10. Aufgabe
Die Kinder gehen im Kreis oder angefaßt als Kette bis zum letzten Ton der Melodie in einer Richtung; beim Neuanfang der Melodie sollen sie andersherum gehen. In einer Kette führt also beim ersten Mal das Kind am einen Ende, und bei der Wiederkehr übernimmt das Kind am andern Ende die Führung. Beim Richtungswechsel wird weder gesprochen noch eine Pause in der Musik gemacht. Die Kinder müssen auch hier das Ende der Melodie voraushören, um rechtzeitig bremsen und die Richtung ändern zu können. Jedes Kind, nicht nur das erste, soll selbständig reagieren und sich wenden, damit es kein Zerren oder Schubsen gibt.

11. Aufgabe
Die Kinder stehen, mit Cymbeln und Triangeln in der Hand, im Halbkreis um die Spielerin, während diese eine bestimmte mehrteilige Tanzmelodie spielt. Jedesmal, wenn die Melodie "sich ausruht", also bei jedem Einschnitt, sollen die Kinder einen Schlag geben. Allmählich soll es ihnen dabei gelingen, genau auf dem letzten Ton der melodischen Phrase zu schlagen oder, wenn die Phrase zwei "Ausruhtöne" hat, auf diesen beiden letzten Tönen zu schlagen.

Hiernach schlägt nur eine kleine Gruppe weiter Cymbel und Triangel, die übrigen gehen zum Spiel der mehrteiligen Melodie. Mit jedem Cymbelschlag wird die Richtung gewechselt.

Verzaubern durch Instrumente

7. Aufgabe
Der Zauber soll jetzt nicht beim Erklingen des Instrumentes eintreten, sondern erst, wenn das Instrument wieder schweigt. Der Spieler hält für seine Schlagreihe oder sein Klangband eine bestimmte Zeit ein, und die anderen Kinder, die still zuhörten, stellen das entsprechende Wesen anschließend in möglichst gleicher Dauer wie das Gehörte dar.

Danach erklingt eine neue Instrumentalphase, aber mit anderer Länge, vielleicht auch mit anderem Schlagrhythmus oder anderer Lautstärke; die andern setzen das Gehörte wieder mit gleicher Dauer in Bewegung um usw.

Zuerst geschieht dies nur von e i n e m Instrument aus, das aber von Mal zu Mal verschiedenartig gespielt werden darf; später können mehrere Instrumente abwechselnd benutzt werden. Die Dauer der Bewegung ist hierbei wichtig; alle mimenden Kinder machen ihre Bewegungen gleichzeitig.

B) S i n g e n   m i t   D a r s t e l l u n g
"Liebe Sonne, komm gekrochen"   (Spielidee – auch für große Gruppen)
(Gut zu gebrauchen, wenn man draußen singt und es kalt ist.)
Die Kinder singen das Lied:

Liebe Sonne, komm gekrochen,
denn mich friert's an meine Knochen
Liebe Sonne komm gerennt,
denn mich friert's an meine Händ!

1. Aufgabe
Die Kinder haben beim Klatschen und Patschen (Aufgabe 1 und 3) gelernt, nur bei dem hellen Schlagklang mitzuklatschen. Sie raten nun, wann man bei diesem Lied klatschen soll, d. h. wo die hellen Töne sind. Zunächst werden die Kinder vielleicht gleichmäßig auf den betonten Silben klatschen: "Liebe Sonne. . ." Wenn man aber die Melodie spielt, am besten auf der Flöte, und die Kinder auffordert, zu horchen, wo die hellen Töne sind, so finden es die Kinder, die ja schon ein wenig vom rein mechanischen Klopfen losgekommen sind, sicherlich heraus: Liebe Sónne, komm gekróchen

Wenn sie gut hinhören, klatschen sie bei "rennt" nur einmal und in der letzten Zeile solange, wie der helle Ton gesungen wird. Zum letzten Wort "Händ" wird etwas anderes gemacht – was?
Die Leiterin soll hierbei nichts vormachen!

2. Aufgabe
Je zwei Kinder stehen sich gegenüber und klatschen im oben beschriebenen Rhythmus gegenseitig die Hände aneinander. Die Leiterin oder ein vorher dafür bestimmtes Kind haben drei verschieden hell klingende Pauken, gegebenenfalls mitten im Kreis, vor sich und schlagen dazu das "Lied" mit Schlegeln auf die Pauken. Hierbei sollen die Pauken natürlich in der Reihenfolge, die der Liedmelodie entspricht, angeschlagen werden, also:
Zur Pauke kann sich ein Spieler mit größerer Cymbel stellen, der immer auf den beiden Haltetönen der Melodie einen kräftigen Schlag gibt.

Wenn das Lied zu Ende gesungen ist, laufen alle Kinder durcheinander, während die Pauken das Lied von vorne erklingen lassen. Am Ende der "Paukenstrophe" sollen die Kinder zwar nicht mit dem alten Gegenüber und nicht am alten Platz, aber doch wieder zu zweien gegenüberstehen und den nächsten Liedablauf mit Klatschen singen.

Beim Durcheinanderlaufen dürfen die Kinder auch leise Frierlaute: brrrr oder huhhhhhh o. ä. von sich geben, nur darf dies die Pauken nicht übertönen.

Das Paukespielen übernehmen reihum alle größeren und besonders musikalischen Kinder.

3. Aufgabe

Was kann man während der Paukenstrophe noch tun, um warm zu werden? Vielleicht anstatt des Laufens stehend im Liedtakt mit den Füßen stampfen und die Arme um sich schlagen. Ein besonderes Kunststück wäre es dabei, wenn zwei gegenüberstehende Kinder abwechselnd im Takt die Arme um sich schlagen, also so:
Sicher kann man für die Paukenstrophe mehr oder weniger Freiheit geben, was jeder zum Warmwerden tun möchte; Grundbedingung: den Takt der Pauke beachten, nicht zu laut sein, nicht aneinanderstoßen und nach Schluß der Paukenstrophe wieder zu zweien gegenüberstehen und gemeinsam singen und klatschen.

IV RHYTHMUS

A) "Die Hände laufen"

Das Tutti-Solo-Spiel mit "Tanzschritten" wird weitergemacht. Auch die Kinder können einen Ablauf anführen. Wenn die Kleineren dabei noch einen gleichmäßigen Tier- oder Menschenschritt vormachen, so läßt man es gelten; diejenigen aber, die dazu fähig sind, sollen "Tanzschritte" vormachen.

Gelegentlich werden der "Humpler" und unregelmäßige Tierbewegungen wie die "raschelnde Eidechse" wiederholt, diese auch als "ganz viele" oder als "e i n Tier".

10. Aufgabe

Bevor ein Tutti-Solo-Ablauf beginnt, bekommt ein Kind eine Cymbel in die Hand. Es soll während des Ablaufs auf die Cymbel schlagen, "wo es hinpaßt", aber s e l t e n e r als die anderen. Die Leiterin beobachtet dabei, ob das Kind ganz wahllos und unregelmäßig schlägt oder ob es dabei eine gewisse selbstgefundene Regel einhält. Im letzteren Fall hat es konzentriert zugehört. Die F o r d e r u n g , eine Regel einzuhalten, würde von den Kindern noch nicht verstanden werden und nur hinderlich sein; sie halten aber meist quasi absichtslos eine Regel ein und haben Freude an dieser selbständigen Aufgabe. Als Beispiel für solch eine von Kindern eingehaltene "Cymbelregel":

Hauptrhythmus:
Cymbelrhythmus:

Oft lassen die Kinder die Cymbelschläge auch beim Solo aus.

Der Bergsteiger   (Spielidee – nicht für große Gruppen)

Interessant sind die Schrittrhythmen eines noch unerfahrenen Bergsteigers, der mit schnellen Schritten zu steigen beginnt und nach kurzer Zeit nicht mehr weiterkann.

Man könnte ihn erst einmal "real" darstellen durch eine Gangart, die die Kinder mit der entsprechenden Mimik vom Schnellen und Leichten zum Langsamen, Schwerfälligen und immer mehr Stockenden hin verändern. Zunächst machen es alle zugleich, aber jeder auf seine Weise; dann macht es einer nach dem andern einzeln. Zum einzelnen Bergsteiger kann jeweils ein Kind mit einem selbstgewählten Klopfgeräusch das zunehmende Herzklopfen des Bergsteigers darstellen. Das Klopfen beginnt natürlich erst mitten im Steigen, beschleunigt sich im Gegensatz zur Verlangsamung der Schritte und beruhigt sich erst von da an, wo der Mann still steht.

Die zwei entsprechenden, sich gegensätzlich verändernden Rhythmen werden später nur auf Instrumenten geklopft, die auch vom Klang her Gegensätze darstellen. Vielleicht läßt sich hier – besser als "viele Bergsteiger durcheinander" – e i n Bergsteiger von mehreren Kindern zugleich machen. Wie gelingt einer Gruppe das ungleichmäßige Stocken der Schritte am Ende? Je ein bis drei Kinder machen dazu das Herzklopfen.

In kleiner Gruppe können je zwei einzelne Partner die Schritte und das Herzklopfen zusammen ausführen, dies am besten in der Form des "Gegenüberspiels"*, also paarweise nacheinander. Hierbei hat natürlich jeder seinen eigenen ganz besonderen Klang für Schritte und Herzklopfen.

(Eine Weiterführung ist im VI. Abschnitt unter "Dynamik und Klang" vorgeschlagen.)

B) Die Pauke spricht

7. Aufgabe

Die Kinder singen das Lied:

Ist ein Mann in'n Brunnen gfallen,
hab ihn hören plumpen,
wär der Mann nicht reingefallen,
wär er nicht ertrunken.

Danach lassen sie das Fell – ohne Lied – eine Weile nur das "Plum - pen" sprechen. Zu diesem gleichmäßig weitergeschlagenen "Plumpen" wird dann das ganze Lied gesungen. Statt das Lied zu singen, kann man seinen Rhythmus auch auf Holz schlagen. Während das Fell weiter "Plumpen" sagt.

Später kann man mit anderen einfachen Liedern ähnlich umgehen, z. B. mit dem Lied:

Unsre Katz hat Kätzchen g'habt,
dreie, sechse, neune.
Eins, das hat ein Ringlein auf,
das ist schon das meine.

Die einzelnen Rhythmen, z. B. "Ringlein auf" oder "Das ist schon das meine" werden eine Weile hintereinander für sich allein geklopft. Danach werden am besten die "Rollen" verteilt: Einige Kinder singen das Lied, einige klopfen dazu diesen oder jenen Versrhythmus fortlaufend, also als Ostinato.

C) Klatschen und Patschen

4. Aufgabe

Zu den zwei Schlagklängen Klatschen und Patschen kommt ein dritter hinzu: mit der Hand auf die Pauke oder auf den Tisch schlagen. Aus den drei Schlagklängen dürfen die Kinder neue Ostinato-Motive erfinden und damit je einen Tutti-Solo-Ablauf anführen.

Bei diesen Erfindungen spielt die Freude an der Bewegung eine große Rolle. Wenn ein Kind, das anführen soll, sich umständlich besinnt, muß man ihm versichern, daß die H ä n d e den Rhythmus ganz von selber finden und daß man ihn vorher nicht auszudenken braucht.

Vielleicht sind einige der Rhythmen aus drei Klängen auch dafür geeignet, daß die anderen Kinder – anstatt der Tutti-Solo-Spielregel – n u r das Klatschen mitmachen. Die Leiterin selbst kann dies wieder mit leichtem Tempowechsel anführen.

Fingerschnalzen und Fußstampfen können auch einbezogen werden.

---

* Siehe S. 34

5. Aufgabe
Ein Kind erfindet einen Rhythmus aus mehreren Schlagarten und gibt Anweisung, w e l c h e n von den Klängen die Kinder mitschlagen sollen. Die Anweisung soll aber nur in einem von dem Kind selbst dafür gefundenen Sprachlaut bestehen und nicht durch normales Sprechen oder gar Zeigen ergänzt werden. Wenn der Fellschlag gemeint ist, sagt man z. B. "bum" oder für das Fingerschnalzen "pfit". Diese Sprachlaute sollen so treffend sein, daß die anderen ohne Erklärung raten, was gemeint ist, und gleich mittun.

IV DYNAMIK UND KLANG

A) L ä r m p h a s e n

Das Anführen von Lärmphasen mit differenzierten dynamischen Unterschieden wird gelegentlich fortgesetzt. Vielleicht gelingt es, zum dynamischen Wechsel auch wieder Unterschiede in den Phrasen- und Pausenlängen zu gestalten?

6. Aufgabe
Die Kinder sollen versuchen, die Signale für Anfang, Ende und Dynamik nun ohne die Cymbel zu geben. "Die Hände müssen alles verraten". Hierbei soll die Leiterin nichts vormachen, sondern jedes Kind seine eigene Art von Einsatz- und Schlußzeichen finden lassen. Nur wer sich nach wiederholten Versuchen nicht eindeutig verständlich machen konnte, bekommt einen kleinen Ratschlag, vielleicht sogar von einem Kind.

B) A u t o s p i e l e n

4. Aufgabe
Die Leiterin läßt auf der Pauke zwei mit einer Pause aufeinanderfolgende Autos vorbeifahren. Beide Autos müssen in Charakter und Länge sehr verschieden sein, denn die Kinder sollen die Autos gut im Gedächtnis behalten und alle zugleich sofort auf Fell oder auf Tischen imitieren können.
Danach darf jedes Kind einmal zwei Autos hintereinander vormachen, die von allen Kindern imitiert werden. Es bleibt dabei das Wichtigste, daß die Geräusche der beiden Autos sehr verschieden sind und nicht zu lange dauern, sonst prägt sich das Hörerlebnis den Nachahmern nicht genügend ein.

5. Aufgabe   (auch für große Gruppen)
Als Ausgleich zum genauen Hinhören und Imitieren wird eine Gruppe vorbeifahrender Autos in freiem Spiel dargestellt: Jedes Kind macht auf Fell mit Hand oder Besen, mit der Stimme, mit zwei Cymbeln, mit Pusten in die Flöte oder ähnlichen Mitteln sein spezielles Auto und verleiht ihm eine bestimmte Schnelligkeit und Dynamik. Man soll sich vorstellen, daß man an einer nur mäßig befahrenen Straße steht, und eine Folge von Autos — etwa zehn bzw. soviel, wie Kinder in einer kleinen Gruppe sind — saust in Abständen hintereinander vorbei. Die Autos sind vor zwei Minuten an einer Ampel vorbeigekommen, darum könnten voran einige vereinzelte, besonders schnelle Autos fahren. Wie wird es dann in der Mitte des Autoschubs und wie am Ende? Vielleicht bummelt noch ein Lastwagen hinterher. Auf den letzten Nachbummler folgt eine Rot-Licht-Pause, bis das grüne Licht den nächsten Autoschub entlassen hat. Dieser wird von einer neuen Kindergruppe,(bei wenig Kindern von der gleichen), dargestellt. Die Folge der Geräuschklänge, die Zeitabstände zwischen den Autogeräuschen und die Dynamik des ganzen Geschehens sollen diesmal deutlich anders als beim ersten Mal sein.

In kleiner Gruppe kann die Leiterin als Zuhörer ein Klangsignal geben, wenn die beiden Autoschubs zu gleichartig ausgefallen sind. Das Signal bedeutet: Spiel-Ende. Kommt kein Signal, so darf sich nach der zweiten Rot-Licht-Pause ein dritter, wieder ganz anderer Autoschub anschließen usw.

Das Endsignal wird immer gegeben, wenn zwei aufeinanderfolgende Autoschubs zu ähnlich klangen oder wenn die Rot-Licht-Pause übergangen wurde.

In einer Schulklasse werden die Autoschubs natürlich von immer neuen und verschieden großen Kindergruppen dargestellt; dann wird jeder von selbst anders klingen. Aber für Versäumnisse (wie Übergehen der Rot-Licht-Pause oder der Klangverdichtung in der Mitte des Schubs) braucht man weiterhin je einen, der beobachtet und das Schlußsignal gibt.

C) Spiel mit Cymbeln

8. Aufgabe

Die Leiterin hängt drei verschiedene Cymbeln auf, möglichst so, daß die, die am tiefsten klingt, unten hängt und die mit dem hellsten Klang zuoberst. Die drei Cymbeln werden nacheinander angeschlagen und bekommen von den Kindern ihre Namen: "Kling-klang-klung", "Bim-bam-bum" o. ä.

Dann werden mit den drei Cymbeln Schlagfolgen vor- und nachgemacht bzw. nachgesummt, die alle ausklingen. Später werden die Schläge auch mit gestoppten untermischt.
Die freien Spiele mit Cymbeln werden fortgesetzt, z. B.

9. Aufgabe (auch für größere Gruppen)

Wie kann man eine einzige große schwingende Glocke mit der ganzen Gruppe zugleich darstellen?

10. Aufgabe (auch für größere Gruppen)

"Die Türme mit je einer Glocke stehen an ganz verschiedenen Punkten der Stadt. Ein Läutejunge soll die Glocken nacheinander erst zum Läuten, dann wieder zum Schweigen bringen. Er geht hierbei mit schweren Schritten (Handtrommel), oder er reitet auf einem Pferd (Galopp, mit Klanghölzern), oder er fährt Auto (Autogeräusche mit der Stimme)".

11. Aufgabe

Jedes Kind verwandelt sich in das Wesen, das sein Instrument ihm durch seinen Klang verrät, und unterhält sich durch Musik und Geste als dieses Wesen mit den anderen Spielern, sobald es jemandem begegnet. — Man wandert dabei also umher.

Vorgänge, die sich als ergiebig erwiesen, sollten auch während der späteren Abschnitte wiederholt werden.

Vielleicht haben die Kinder noch andere Spielideen.

Wasser und Unken (Spielidee)

Von Wasser und Unken kann man nicht nur ein Lied singen; man kann sie auch mit Klängen darstellen.

Die Leiterin fragt die Kinder, ob sie auf den Instrumenten etwas machen können, das wie Wasser klingt. Vielleicht kommen die Kinder — außer dem leisen Streichen auf Fell — auch auf das "Querwischen" mit Schlegeln auf Xylophonen; sonst kann man es ihnen zeigen. (Die Hände hierbei so halten, daß der Daumen oben ist und die seitliche Winkbewegung ganz leicht geht. "Die Hände sollen sich dabei angucken!")

1. Aufgabe

Das Wasser gluckert leise vor sich hin, und man hört im Teich zwei Unken. Die Leiterin zeigt, wie Unken "läuten", indem sie auf Flöte oder Glockenspiel einen bestimmten Ton mit großen ungleichen Pausen immer wieder anschlägt bzw. kurz anbläst. Ein Kind darf die zweite Unke im Teich sein, sucht sich auf einem Glockenspiel einen anderen Ton und "unkt" auch mit diesem ganz selten. Beide Unken sollen nicht etwa in rhythmisch gleichen Abständen läuten, sondern ganz unregelmäßig, einmal beide dicht hintereinander, dann mit langen Pausen, dann die eine zweimal, ehe die andere wieder unkt usw. (Leise Schläge auf Klaviersaiten geben auch schöne Unkentöne.)

Die Kinder, die Unken größtenteils nie in Wirklichkeit gehört haben, sollen beim Spiel der Leiterin erleben, wie "heimlich" und selten eine Unke läutet. Während je zwei Spieler auf Glockenspiel oder Flöte Unken darstellen, lassen die übrigen das Wasser leise murmeln und rauschen. Falls die Unken wirklich ganz selten läuten, kann noch eine dritte Unke mit einem neuen Ton hinzukommen. (Die Unkentöne brauchen keineswegs Konsonanzen oder gar einen Dreiklang miteinander zu bilden!)

Wenn die Unken ausgeläutet haben, kann man das Lied – zum murmelnden Wasser – leise singen.

Das Windmühlenspiel

3. Fortsetzung

Jetzt gibt es keine Windgeräusche; stattdessen machen die Windmühlen selbst Geräusche. Die Leiterin sagt: "Meine Windmühle macht so" und begleitet ihre Bewegung mit einem bestimmten flatternden, leise knatternden oder fauchenden Vokallaut bzw. Lippengeräusch. Jedes Kind soll danach für seine Windmühle ein anderes Geräusch mit Stimme oder Lippen erfinden. Wenn die Geräusche einander zu ähnlich sind, können Worte wie "stöhnen", "sausen", "pfeifen", "knirschen" die Kinder auf Ideen bringen. Die Kinder stellen alle zugleich ihre verschiedenen Windmühlen dar und stehen oder sitzen dabei wieder dichter zusammen, so daß sie sich gegenseitig gut hören.

Ein Kind hört blind zu. Wenn es eins der Geräusche so gut herausgehört hat, daß es dasselbe imitieren kann, hebt es den Arm; dann schweigen alle Windmühlen. Das Kind imitiert nun mit dem Mund das herausgefundene Geräusch und "weckt" damit die betr. Windmühle wieder, die sich eine Weile nach diesen Geräuschen bewegt.

Dasselbe kann man mit mehreren blind zuhörenden Kindern machen: Nach einer zum Heraushören gut ausreichenden Zeit hebt eins den Arm und weckt seine Windmühle. Die anderen Kinder müssen dann auch schon etwas herausgehört haben und wecken die gewählte Windmühle ein wenig später, während das erste Geräusch noch da ist. Zuletzt sind wieder mehrere Windmühlen im Gang, und die Kinder, die sie weckten, machen mit ihren Geräuschen – gelegentlich mehr vereinzelt, gelegentlich auch zu vielen, je nach Länge der Atempausen – ein kleines Konzert.

Um zu vermeiden, daß zufällig mehrere Kinder die gleiche Windmühle wecken wollen, sollte jetzt jedes Zuhörkind mindestens zwei Geräusche zur Auswahl im Gedächtnis behalten.

IV SPIEL MIT TÖNEN

A) Glocke spielen
8. Aufgabe

Das Glockespielen wird wieder mit Auswinken gemacht. Die letzte Glocke wird nun nicht mehr ausgewinkt, sondern soll in Ruhe auspendeln, immer leiser und immer langsamer, so daß man gespannt ist, ob der letzte Ton noch kommt oder nicht. Das ist für Kleine keine leichte Aufgabe.

Ein Glockespielen mit dynamischen Schwankungen der einzelnen kann auch mit Auswinken beendet werden. Man muß sich dabei nur Zeit lassen. Das Auswinken beginnt viel später als sonst, und jede Glocke soll ausgewinkt werden, wenn sie gerade leise spielt, damit der Klang nicht so unvermittelt abbricht.

B) Das Gegenüberspiel
3. Aufgabe: Aufwärts, Abwärts, Pendeln, Tonwiederholung

Jetzt darf zum Aufwärts oder Abwärts oder zu Tonwiederholungen noch als vierte Möglichkeit die Pendelei kommen. Jeder Vorspieler soll seinem Partner e i n e von diesen Möglichkeiten vormachen und soll das gleich zweimal hintereinander spielen. Der Nachspieler spielt dann natürlich auch zweimal. Sicherlich werden die Vorspieler die Regel nicht sehr genau einhalten. Wie weit man sie bei der Mischung der Prinzipien ungestört lassen kann, das hängt davon ab, ob die Nachspieler fähig sind, das Vorgespielte aufzufassen und erkennbar wiederzugeben. Durch das Glocke-Spielen sind die Kinder im Umgang mit Stabspielen und im Erfinden schon sehr geschickt, und sie entwickeln auch beim Gegenüberspiel viel Fantasie und erstaunlich gute Reaktionen bei Überraschungen.

Die Leiterin selbst sollte sich ein besonders unsicheres Kind als Gegenüber wählen, damit sie diesem leichte Aufgaben geben kann.

"Die Glocke ruft"

Die 1. Aufgabe unter diesem Titel aus Abschnitt III kann gelegentlich weitergeführt werden.

2. Aufgabe

Ein älteres oder besonders tüchtiges Kind darf selbst die rufende Glocke spielen. Wenn die Erfindung eines Glockenmotivs, zu dem man "Schritte machen" kann, nicht gelingt, so kann die Leiterin ausnahmsweise ein wenig beim Erfinden nachhelfen.

C) Rufe und Singverse
7. Aufgabe

(Geige)
Eine Flöte kommt gegangen, singt Lieder,

Der Satz, der früher nur geklopft wurde, wird nun von den Kindern mit den Ruftönen gesungen und danach von allen zugleich leise auf Stabspielen versucht. Die Kinder sollen selbst merken, daß der Ruf mit dem dunkleren Ton beginnt. Nach dem allgemeinen Ausprobieren spielt jedes Kind alleine, zuerst am besten reihum jeder eine "Zeile": 1. "Eine Flöte", 2. "kommt gegangen" usw. Später spielt jeder den ganzen Ruf.

Jedesmal, wenn es gelungen ist, kommt die Leiterin mit der Flöte (Geige) gegangen und spielt ein Lied bzw. irgendeine Melodie, zu der alle Kinder leise klopfen dürfen, vielleicht nur mit den Schlegelstielen aneinander.

8. Aufgabe
Die Kinder lernen, zunächst sprechend, den Vers:

Johann, spann an, drei Mäuse voran,
drei Katzen voraus, den Blocksberg hinauf!

Die Leiterin selbst singt nur den Anfang: Johann, spann an . . .

und läßt die Kinder von sich aus weitersingen. Zum Singen hört man den Peitschenknall auf den betonten Silben. Die Kinder probieren einen besonders hellen, peitschenartigen Klatschklang aus (mit den zu einem flachen Brett gestrafften Fingern der einen Hand auf den flachgestreckten Innenteller der anderen Hand schlagend). Zusätzlich kann man natürlich ein Instrument mit Peitschenklang benutzen.
Wie klatscht man bei "den Blocksberg hinauf"?

9. Aufgabe
Das g a n z e Lied wird auf Stabspielen probiert, wobei die Kinder sich klar werden müssen, ob der Singvers mit dem dunklen oder dem hellen Ton beginnt. Nachdem alle eine Weile zugleich probiert haben, geht es wieder zeilenweise reihum:

        1. Kind: Johann, spann an,
        2. Kind: drei Mäuse voran . . . usw.

10. Aufgabe
Wenn es schon einige Kinder gibt, die den Vers ganz fließend im Singtempo spielen können, spielen diese das Lied zugleich oder in Zeilen abwechselnd, während die andern singen und "Peitsche-Knallen".

11. Aufgabe
Die Kinder singen das Lied:

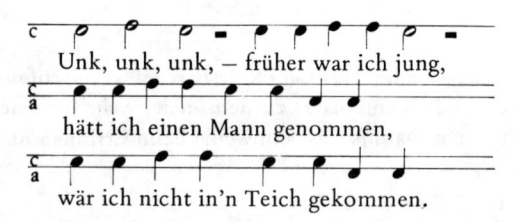

Unk, unk, unk, — früher war ich jung,
hätt ich einen Mann genommen,
wär ich nicht in'n Teich gekommen.

Die erste Hälfte des Liedes kann schon mit Stabspielen versucht werden. Die Leiterin singt den Anfang mit den der vorhandenen Tonreihe entsprechenden Tönen: c – d – c
                                          oder : f – g – f
                                                unk unk unk

und fordert die Kinder auf, diese neuen Töne zu suchen. Auf den Stabspielen mit derselben Oktavlage, in der die Leiterin singt, können die Kinder die Töne am besten finden. Den Kindern, die nicht bewußt genug hören, müssen die Töne, die jetzt "dran" sind, gezeigt werden. Die Kinder sollen dann ohne Hilfe die erste Liedhälfte auf dem Stabspiel finden.

Das Lied kann nun in folgender Aufteilung gespielt werden:
1. Kind: "Unk, unk, unk", – 2. Kind: "früher war ich jung"
Leiterin oder ein besonders tüchtiges Kind:
                mit 3 Tönen: "hätt ich einen Mann genommen,
                              wär ich nicht in'n Teich gekommen"
Bei den beiden letzten Zeilen können auch alle Kinder mitsingen.

V. ABSCHNITT
V BEWEGUNG

A) Die Füße hören die Musik

Die Kinder sind zu mehrteiligen Melodien gegangen, bei deren Phrasenabschnitten jeweils die Cymbel geschlagen und die Schrittrichtung gewechselt wurde. Allmählich sollen sie den Phrasenschluß in der Melodie auch ohne Cymbelschlag erkennen können und pünktlich reagieren.

12. Aufgabe

Die Kinder sollen nun auf andere Ideen kommen, wie man sich zu den verschiedenen Phrasen bewegen könnte, z. B. – bei einer Kreisaufstellung – zur Mitte oder zurück- und auseinandergehen oder hüpfen, bzw. am Ort tanzen. Hierfür wird den Kindern am meisten einfallen, wenn sie genau hinhören, was eine bestimmte Phrase innerhalb einer Melodie ihnen "verrät". Die Melodien sollten so ausgewählt werden, daß ihre Phrasen etwas verraten.

Diese kleinen Erfindungen können einen Übergang zu bestimmten selbsterfundenen oder bestehenden Tanzformen bilden.

Verzaubern durch Instrumente

8. Aufgabe

Für das Verzaubern werden noch neue Instrumentalklänge ausgesucht, z. B. Streichen mit dem Besen rund über eine große Handtrommel (fliegender Adler?), langsame Schläge auf Gong oder Becken, klirrende Windspiele (Glasspiele) oder Schüttelbüchsen. Für alle Instrumentaltypen versuchen die Kinder, ganz spezielle Wesen zu finden, die sich in der Bewegung deutlich von den anderen Wesen unterscheiden. Bei den Windspielen kann das Zusehen, wie die Glasstäbchen durcheinanderwirbeln, Bewegungsimpulse geben. Mit Gong oder Becken macht man natürlich keine Schlagreihen, sondern man gibt durch kleinere oder größere Pausen getrennte Einzelschläge in verschiedener Lautstärke. Jeder neue Instrumentalklang sollte für sich in der Bewegung ausprobiert werden, ehe er mit den anderen zusammen verwendet wird.

Für das Zusammenspiel zwischen mehreren Instrumenten und den durch sie verwandelten Kindern wähle man nach Belieben die Formen von Aufgabe 4, 6 oder 7. Zunächst sollten nicht zu viele "Wesen" in einem Spielablauf vorkommen und man achte darauf, daß die für einen Ablauf zusammengestellten Klänge und Bewegungen deutliche Kontraste enthalten.

9. Aufgabe

Spieler von etwa vier Instrumenten geben miteinander zur Abwechslung ein "Konzert", wobei auf jedem Instrument wieder kurze und lange Schlagreihen, Klangbänder u. ä. gemacht werden und die Pausen nicht vergessen werden sollen. Die übrigen Kinder lassen sich nicht verwandeln sondern hören zu und erzählen nachher, ob es spannend war und wodurch? Wenn die Zuhörer eine klare Auskunft geben konnten, warum ihnen etwas nicht gefiel, so versuchen die Spieler daraufhin, es besser zu machen.

Können auch vier verschiedene Wesen oder Gruppen mit je einem Anführer einen entsprechenden "Tanz" ohne Musik machen?

B) Singen mit Darstellung

4. Aufgabe von "Liebe Sonne..."

Beim Bewegungsspiel "Liebe Sonne, komm gekrochen" sollte allmählich jedes Kind auch das Pauken übernehmen können, notfalls zunächst nur mit zwei Pauken, wobei die "hellere" Pauke bei den bekannten Klatschtönen angeschlagen wird. Der Strophenablauf muß klar erkennbar bleiben.

In großer Gruppe könnten noch einige Kinder, die schon im dreitönigen Spiel sicher sind, die Pauke auf lautklingenden Stabspielen unterstützen. Sie spielen die Melodie mit den Tönen a-c-d- (bzw. h-d-e oder e-g-a) und immer nur während der "Paukenstrophe", bei der die Kinder nicht singen. Ein Cymbelspieler bei der Pauke ist in großer Gruppe notwendig.

"Bäumchen, rüttel Dich" (Spielidee für kleine bis mittelgroße Gruppen)

Bäumchen rüt - tel dich und schüt - tel dich, wirf Gold und Silber ü - ber mich!

Die Kinder singen, in loser Gruppe stehend, das Lied und erinnern sich dabei an die entsprechende Szene im Märchen Aschenputtel. Der sich schüttelnde Baum wird dargestellt, indem alle Kinder die Arme heben und dabei, nach Belieben auch mit etwas "Energie", hin- und herschwanken.

Am Ende des Liedes hört das Schwanken auf. Die Kinder sind nun das Kleid aus "Gold und Silber", das g a n z l a n g s a m vom Baum herunterfällt. Ein Arm sinkt herab, dann der zweite, der Körper gibt nach und nähert sich dem Erdboden in allen möglichen verbogenen Stellungen, wie es eben ein Kleid tut, das durch die Zweige fällt — irgendwo hakt es noch ein bißchen fest. Zum Schluß liegt das Kleid flach oder "zusammengeknüllt" auf dem Boden.

Während des Herabsinkens wird mit dem Munde das leise Rauschen oder Knistern des Kleides nachgemacht, das durch die Zweige fällt. Jeder macht das etwas anders. Für die beiden Aufgaben "Bewegung" und "Geräusche" werden die Kinder am besten in zwei Gruppen eingeteilt.

1. Fortsetzung

Das Herabsinken des Kleides soll man nun als Instrumentalgeräusch hören: leise wispernd, flatternd oder klirrend als "Gold und Silber". Ein Kind, das nicht mitmimt, kann jeweils selbständig ein geeignetes Geräusch an beliebigen Instrumenten oder Gegenständen ausprobieren und begleitet nach Schluß der Liedstrophe das Herabsinken der Kleider mit dem selbstgefundenen Geräusch.

Das Niedersinken und das dazugehörige Geräusch sollen eine gute Weile dauern und sehr ungleichmäßig, mit Fantasie und Überraschungen in Bewegung und Klangdynamik, gestaltet werden. Bei einem plötzlichen Akzent des Geräusches wird sicher auch ein Stück des Kleides ruckhaft herabsinken. Wenn das letzte Kind still am Boden liegt, hört das Geräusch auf.

Ob der Charakter des Geräusches auch Einfluß auf die Bewegung hat? Man probiere es einmal mit einem sehr hellen, schwirrenden und mit einem dunkleren, schwerfälligeren Geräusch hintereinander aus.

Der Vorgang als Ganzes sollte nicht zu oft wiederholt werden, damit die Kinder nicht gegen das "Geschehnis" abstumpfen.

V. RHYTHMUS

A) Die Hände laufen

Mit rhythmisch und klanglich "interessanten", häufig auch unregelmäßigen "Tierschritten" oder mit "Tanzschritten" wird das Tutti-Solo-Spiel auf Fell- und Holzinstrumenten fortgesetzt. Hierbei soll öfter die Cymbel nach eigener Regel eines Kinder einbezogen werden (s. 10. Aufgabe).

11. Aufgabe

Zwei Kinder bekommen je eine Cymbel und sollen sie – jedes nach einer anderen Regel – zum gleichen Tutti-Solo-Spiel mit Tanzschritten schlagen.

12. Aufgabe

Die Leiterin führt einen gemeinsamen Tanzschritt-Rhythmus mit einem verhältnismäßig lauten Instrument an, z. B. mit dicken Klanghölzern. Anstatt ein Tutti-Solo-Spiel daraus zu machen, wechselt sie vorsichtig das Tempo. Alle Kinder müssen dazu ziemlich leise schlagen, damit sie den Tempowechsel gut hören und locker nachgeben können.

Ein bis zwei Kinder können hierbei natürlich gut mit eigener "Cymbelregel" den Tempowechsel mitmachen.

Der Mann mit dem Holzpantoffel (Spielidee – auch für große Gruppen)

1. Aufgabe

Die Leiterin erzählt von einem Mann, der in Holzpantoffeln ging, aber einen verloren hat. Er geht nun mit einem Strumpf und einem Holzpantoffel weiter. "Wie klingt das, wenn dieser Mann geht?" (Er soll nicht humpeln; der Holzpantoffel ist ganz niedrig). Alle Kinder probieren "durcheinander" zwei Schlagstellen aus. Sicherlich werden es bei den meisten eine mit dumpfen und eine mit hölzernem Klang. Beide Schläge müssen bequem mit abwechselnden Händen spielbar sein. Nach einer Weile gemeinsamen Probierens sollen alle Kinder nacheinander zeigen, wie ihr "Mann" geht. Die Leiterin gibt zu Beginn des Vormachens für jedes Kind ein leises Cymbelzeichen.

2. Aufgabe

"Der Mann macht einen langen Weg am ganzen Kreis entlang; immer klingt das Pflaster, auf dem er geht, wieder ein wenig anders." Das wird so dargestellt:

Die Leiterin läßt den Mann eine kurze Zeit "gehen" und sieht dabei auf ihre Hände; dann sieht sie plötzlich das Nachbarkind an. Dies soll die Schritte sogleich mit seinen Schlagstellen fortsetzen; zu gleicher Zeit hört die Leiterin zu spielen auf. Nach einer kurzen "Wegstrecke" wendet sich das Kind wieder mit deutlicher Kopfbewegung zum nächsten und hört zu spielen auf in dem Augenblick, wo dieses fortsetzt usw.

Das Kunststück ist dabei, daß der Mann nie eine Pause beim Gehen machen, auch nicht plötzlich ein "doppelter Mann" sein darf und sogar nicht zweimal hintereinander mit dem Holzschuh oder mit dem Strumpf auftreten darf.

3. Aufgabe

Der Mann macht wieder einen langen Weg und nach einer Weile fängt es an zu regnen. Es regnet immer stärker, der Mann geht immer schneller, fängt an zu laufen und läuft, bis er unter ein Dach treten kann. Dann hört das Gehen auf, aber der Regen prasselt immer lauter, und man hört es donnern. Nach dem Donnerschlag hört es ganz allmählich auf zu regnen; das letzte Tröpfeln hört man noch lange. Wenn kein Tropfen mehr fällt, geht der Mann mit zügigen Schritten weiter, bis er zu Hause ist. Wenn er zu Hause ankommt, läuten gerade die Abendglocken.

Für diese Geschichte müssen die Rollen verteilt werden: Einige Kinder mit "hellem" Fell machen mit allen Fingern den Regen; man muß das etwas üben, damit die einzelnen Finger sich selbständig bewegen lernen. Das Fallen der letzten Tropfen kann man mit Fantasie gestalten, u. a. durch Wechsel der Tropfenklänge.

Das Kind mit der größten Pauke macht den Donner; hierfür sind Paukenschlegel gut. Auch das muß man üben: Es soll ja nicht nur ein "Knall" werden, sondern ein tüchtiges Gerumpel, das eine Weile nachhallt.

Für das Glockenläuten werden ein oder mehrere Kinder gebraucht. Sie haben entweder jedes ein Metallinstrument (Cymbel, Becken, Gong, Triangel) mit passenden Schlegeln in der Hand, oder es sind mehrere Instrumente aufgehängt, die dann von nur einem Kind — mit verschiedenen gut ausgesuchten Schlegeln — gespielt werden. Auch das Glockenläuten kann man schlecht und gut machen (s. "Spiel mit Cymbeln" in diesem Abschnitt).

Vielleicht läßt sich das Abendgeläut auch als Glocke-Spielen auf zwei bis drei Stabspielen darstellen?

Die übrigbleibenden Kinder, mindestens zwei Spieler, machen die Schritte des Mannes. Hierbei wird das Kunststück im gemeinsamen Schnellerwerden während des Regens bestehen. Das Stehenbleiben unter einem Dach erkennt man an zwei festen Tritten, die einer mit den Füßen macht.

Die ganze Geschichte wird nun hintereinander ohne Sprechen — und ohne Korrektur durch die Leiterin — dargestellt. Wenn unterbrochen wird, ist die Spannung fort. Falls etwas schief geht, kann man es später noch einmal besser machen. Diese Geschichte wird noch öfter und mit neuen Variationen dargestellt.

B) Die Pauke spricht

8. Aufgabe

Die Kinder singen das Lied: "Muß wandern, muß wandern" und klopfen dazu den ganzen Rhythmus des Liedes auf die Pauke. Dann gibt die Leiterin Rätsel auf: Sie klopft je einmal entweder den Rhythmus des Anfangs: ♩ | ♩ ♩ ♩ | ♩ ♩

oder von: "Kommt ein lustiger Springer herein" ♩ ♩ ♩ ♪ ♪ ♩ ♪ ♪ ♩

oder von: "schüttelt mit dem Kopf" ♪ ♪ ♪ ♪ ♩ 𝄽

oder von: "stampft mit dem Fuß" ♩ ♪ ♪ ♩ 𝄽

oder von: "tanzen gehn". ♩ ♩ ♩

Die Kinder sollen raten, welcher Text zu dem betr. Rhythmus gehört. Dann versucht die eine Hälfte der Gruppe, einen dieser einfacheren Textrhythmen: "Muß wandern", "tanzen gehn" oder "schüttelt mit dem Kopf" ostinato durchzuklopfen, während die andere Hälfte das Lied singt.

Die Zeile "kommt ein lustiger Springer herein" ist noch zu schwer, um zum gesungenen Lied geklopft zu werden; aber die ganze lustige Textstelle von "Kommt ein . . ." bis "mit dem Fuß" kann man ohne Lied zusammen klopfen oder auch zeilenweise reihum. In Schulklassen spielen es kleine Gruppen reihum.

Das 1. Kind klopft: "Kommt ein lustiger Springer herein"
    das 2. Kind: "schüttelt mit dem Kopf"
    das 3. Kind: "rüttelt mit dem Rock"
    das 4. Kind: "stampft mit dem Fuß"
    und alle zusammen das Ende des Liedes.

9. Aufgabe

Wenn das Spiel "Negerdörfer" einige Male in alter Form gemacht worden ist, gibt die Leiterin als "erster Neger" eine Trommelnachricht mit ein oder zwei deutlichen Akzenten innerhalb des rhythmischen Motivs. Sie erklärt den Kindern das Wort "Akzent", indem sie irgendeinen "richtigen" Satz mit lebhaftem Akzent auf der Hauptsilbe vorspricht.

Die Kinder sollen nun als Neger in den anderen Dörfern auch die Akzente nachmachen, und die jeweils "ersten Neger" sollen auf der Pauke Nachrichten mit Akzenten geben.

C) K l a t s c h e n   u n d   P a t s c h e n

Weiterhin werden Rhythmen aus verschiedenen Klangschlagarten erfunden und als Tutti-Solo-Spiel oder zum Mitschlagen nur bestimmter einzelner Schlagklänge bei vorsichtigem Tempowechsel verwendet.

6. Aufgabe

Jetzt gibt nicht mehr der Anführer eines Rhythmus an, w e l c h e r Schlagklang von den anderen mitgeschlagen werden soll, sondern jeder Mitspieler wählt sich selbst, was er mitschlagen will. Er soll während eines Ablaufs bei diesem selbstgewählten Schlagklang bleiben und sich nicht von den Nachbarn zum Mitmachen anderer Schläge verleiten lassen. Ob dies auch schon mit vorsichtigem Tempowechsel geht?

7. Aufgabe

Die Leiterin spielt nun wiederholt ein einfaches rhythmisches Motiv aus zwei bis drei Schlagarten, das eine deutliche Pause enthält. Die Kinder sollen nun keinen Schlag mehr mit der Leiterin zugleich schlagen, sondern n u r in der Pause klatschen. Anstatt zu klatschen, können sie auch hellklingende Instrumente wie Holz, Cymbel, Triangel, Rassel oder Schellentrommel für den "Pausenschlag" benutzen. Wenn die Kinder den Vorgang begriffen haben, sieht die Leiterin ein Kind an und spielt leiser. Dann darf das betr. Kind den Pausenschlag einige Male alleine zum Rhythmus der Anführenden machen. Sobald die Leiterin wieder laut spielt, machen alle den Pausenschlag, bis das nächste Kind angesehen wird usw.

Kinder, die beim Pausenschlag noch unsicher sind, soll man hierbei nicht einzeln drannehmen, da sie sonst den Mut erst recht verlieren. Die Anführung dieser Übung ist für Kinder noch sehr schwierig.

V DYNAMIK UND KLANG

Nöck und Nixe (Spielidee)

Das Wassermurmeln, das die Kinder durch Querwischen auf Stabspielen darstellen, kann auch den Hintergrund für die ersten Versuche einer melodischen Improvisation bilden: Im Wasser wohnen eine Nixe und ihr Vater, der Nöck. Das Wasser murmelt erst leise, dann rauscht es einen Augenblick stärker, weil die Nixe und der Nöck aus dem Wasser aufsteigen. Wenn das Wasser wieder leise ist, fängt die Nixe an, ein Nixenlied vor sich hinzuspielen, natürlich ein ausgedachtes, das niemand kennt. Der Nöck möchte die Nixe wieder ins Wasser schicken; weil er aber ein netter Vater ist, hört er der Nixe zu, bis er meint, daß die Melodie zu Ende geht. Noch vor dem letzten Ton gibt er ein Zeichen: die Nixe kommt dann zum Schluß und verschwindet im Wasser, das wieder aufrauscht.

Hierfür werden unter den Kindern für jedes Spiel eine andere Nixe und ein anderer Nöck (mit selbstgewähltem Instrument für das Verschwindesignal) gewählt. Das Nixenlied kann nach Belieben auf Flöte, Schmalzither oder Glockenspiel improvisiert werden. Zunächst werden die meisten Kinder sicherlich wie beim "Glocke-Spielen" etwas sich ständig Wiederholendes spielen, also mehr ein freies Ostinato als ein "Lied" erfinden, so daß der Nöck es schwer hat, dabei ein Ende herauszuhören. Nach einigen unbefangenen Versuchen einzelner "Nixen" sollte die Leiterin einmal den Unterschied zwischen einem "Glocke-Spielen" und einer Liedmelodie zeigen. Sie sagt, daß sie einmal ein Lied und einmal eine "Glocke" spielen wird, daß sie aber die Reihenfolge nicht verrät. Die Kinder sollen erkennen, welches die Glocke und welches das Lied war; vielleicht können sie hinterher auch sagen, woran man es merkt. Bei den nächsten Spielen soll der jeweilige Nöck hinterher sagen, ob er ein Ende herausgehört hat.

Es ist hierbei nicht unbedingt nötig, daß man ein Nixenlied auf "normalen" Instrumenten und mit reinen Tönen spielt. Kinder, für die auch Klänge und Geräusche zur Musik gehören, spielen ein Nixenlied auch gerne (zupfend!) auf den bloßliegenden Saiten eines Klaviers oder einer Zither oder eines Streichpsalters, selbst (oder gerade?) wenn diese völlig verstimmt sind, oder auch auf einem chromatischen Stabspiel. Es gehört vielleicht zum "Zauber" der Nixenlieder, daß man hier in bezug auf die genaue Tonhöhe immer überrascht wird. Trotzdem spielt hier der Zufall keine entscheidende Rolle; denn im Rhythmischen, im Dynamischen und im Wechsel hellerer und dunkler Töne kann das Kind doch bewußt gestalten.

Die Frage, ob man das Nixenlied mit reinen Tönen oder mit "Zaubertönen" spielen soll, möge jede Leiterin ihrer Situation entsprechend und möglichst aufgrund von Experimenten entscheiden.

Das Nixenspiel behält seinen Reiz in einer kleineren Gruppe auch bei häufigen Wiederholungen. Gelegentlich sollte die Leiterin durch Vormachen zeigen, wie man ein Nixenlied durch wechselnde Rhythmen, wechselnde Dynamik und durch einen irgendwie geordneten Gebrauch von helleren und dunkleren Tonräumen interessant machen kann.

A) Lärmphasen

7. Aufgabe

Im Anschluß an die klangliche Darstellung des murmelnden Wassers auf Stabspielen kann die Leiterin die Kinder fragen, ob es unter den Instrumenten etwas gibt, was im Klang dazu "paßt". Die Kinder dürfen unter allen verfügbaren Instrumenten und mit allen Arten einer fließenden bzw. tremolierenden Klangerzeugung, wie man sie für Klangbänder braucht, etwas Passendes ausprobieren und zum Wassergeräusch hinzufügen.

Die Lärmphasen können nun mit dieser oder mit irgendeiner anderen bewußt gewählten Klangmischung gespielt werden. (Es muß nicht immer der "Wasserklang" sein!)

B) Auto oder Wind spielen

6. Aufgabe

Im Zeitablauf von zwei aufeinanderfolgenden Autogeräuschen hört man e i n e Autohupe. Sie kann mit der Stimme, mit der Flöte oder mit anderen geeigneten Mitteln gemacht werden. Ein Kind läßt die beiden "Original-Autos" hören, sein Nachbar die Hupe. Der größte Teil der übrigen Kinder ahmt die Autos nach, ein kleinerer Teil (nur ein bis vier Kinder) die Hupe; diese soll natürlich genau in dem der Originalsituation entsprechenden Augenblick ertönen. Ob sie im selben Augenblick kommt, wenn mehrere Kinder sie zu imitieren haben? (Bitte keinen Einsatz geben!)

Wenn die Kinder schon eine Vorstellung davon haben, was Bandaufnahmen sind, können Spaß und Konzentration durch das "Tonbandspiel" noch erhöht werden. Die Originalvorgänge werden auf das "Band" gespielt, das natürlich nicht wirklich läuft. Wenn der Originalablauf vorüber ist, macht einer auf irgendeine Weise "klick". Dann beginnt die Wiedergabe vom "Tonband": Die übrigen Kinder ahmen den Vorgang so genau wie möglich nach.

7. Aufgabe

Anstatt an ein Auto mit einer Hupe denken wir an den Wind, durch dessen Blasen etwas von den Bäumen herabfällt: ein Apfel, eine Nuß, eine Kastanie? Man kann dies als Imitationsübung, vielleicht auch wieder als "Bandaufnahme" spielen.

Die zwei Original-Windstöße werden von ein oder zwei Kindern gemacht, eine Original-Nuß und ein Original-Apfel von je einem anderen Kind. Apfel und Nuß fallen, je nur einmal und mit deutlich unterschiedenen Fallgeräuschen, an ganz beliebiger Stelle innerhalb der zwei Windstöße oder danach. Von den übrigen Kindern werden die meisten zum Nachahmen des Windes bestimmt und wenige, vielleicht nur je eins, zum Nachahmen von Apfel und Nuß mit entsprechenden Fallgeräuschen. Vielleicht trudelt die Nuß nach dem Fall noch ein wenig nach? Auch das wird getreulich (vom "Tonband") wiedergegeben. Die solistischen Aufgaben: Original-Wind, -Apfel, -Nuß und imitierende (Tonband-) Äpfel und Nüsse gehen reihum. Viele Variaitionen dieses Vorschlags sind möglich.

8. Aufgabe

Aus Wind und fallenden Früchten soll ein freies Spiel gemacht werden. Was schlagen die Kinder vor? Sicherlich sind sie dafür, daß nicht nur ein Apfel und eine Nuß, sondern beliebig viele und verschiedene Früchte vom Baum fallen, wenn der Wind weht. Es gibt harte und faule Äpfel, Pflaumen, dicke Kastanien und kleine Nüsse, und sie fallen auf unterschiedlichen Boden: Gras, Stein, Holz, gelegentlich auch auf Blech oder Eisenroste. Alle Arten von Fallgeräuschen werden von allen zugleich mit beliebigen Mitteln ausprobiert, dann werden die Rollen für Winde und Fallobst verteilt und die Instrumente für alles bequem zurechtgelegt. Das Spiel kann beginnen.

Jeder, der Fallgeräusche macht, sollte nur eine kleine Zahl von jeweils verschiedenen Fallschlägen abgeben; in größerer Gruppe oder Klasse nur je e i n e n Schlag. K e i n e Frucht fällt zweimal!

In großen Gruppen sollte es immer Zuhörer geben, die berichten, ob man erkennen konnte, daß der Wind die Früchte heruntergeblasen hat und ob die Fallschläge auch nicht zu ähnlich klangen und rhythmisch zu gleichmäßig aufeinanderfolgten. Das letztere wäre sehr langweilig. Interessanter wirkt eine Abwechslung von einzelnem "Kleckern", Pausen und lebhaftem Durcheinanderpurzeln je nachdem wie der Wind bläst. Auch dieser soll wie immer sehr verschieden blasen.

Flugzeug spielen   (Spielidee)

Die Kinder probieren vokal oder instrumental ein Flugzeuggeräusch aus und stellen damit das sich langsam nähernde und sich wieder entfernende Flugzeug dar. Was ist hier anders als bei Autos? Die Kinder sollen es finden.

(Das Flugzeug hört man länger; sein Geräusch ist sehr ungleich stark, besonders bei Wind. Es ist auch im Klangcharakter anders: dunkel, "rumpelnd", vibrierend. Manche Flugzeuge klingen auch im Augenblick des Überfliegens schreiend laut und hell. Was noch?)

Das Rumpelnde des Flugzeugs läßt sich u. a. durch Rollen von Kastanien und Nüssen in großer Handtrommel imitieren.

Man läßt nun die Flugzeuge, die alle ganz verschieden klingen sollen, hintereinander vorüberbrausen, immer wieder in anderem Zeitabstand, manchmal auch überlappend, so wie es mit den Autogeräuschen gemacht wurde. Die Flugzeuge brauchen aber viel mehr Zeit.

In anderer Form: Alle zusammen machen e i n vorüberfliegendes Flugzeug. Die Kinder geben Ratschläge, wie man das macht. Wie stellt man am besten den Klangunterschied zwischen dem fernen und dem nahen Flugzeug dar? (Zuerst und zuletzt nur ein bis zwei Spieler, in der Mitte alle zugleich?) Welche der herausgefundenen Flugzeugklänge eignen sich am besten für das ferne Brummen und welche für die Phase des Überfliegens?

Das Windmühlenspiel

4. *Fortsetzung*

Der Vorgang der 3. Fortsetzung wird mit mehr oder weniger "legalen" instrumentalen Mitteln anstatt mit der Stimme versucht. Bei großen Gruppen machen evtl. jeweils mehrere dasselbe Geräusch. Für die zuhörenden Kinder entsteht dabei die Schwierigkeit, beim Wecken einer Windmühle oder Windmühlengruppe das Instrumentalgeräusch mit Stimme oder Lippen imitieren zu müssen, und die Windmühlen haben es nicht leicht, ihr Instrumentalgeräusch aus diesen doch immer etwas verfremdenden Vokalgeräuschen wiederzuerkennen.

C) S p i e l   m i t   C y m b e l n

12. *Aufgabe*

Für die Geschichte vom Mann mit dem einen Holzpantoffel muß ein gutes Glockenläuten vorbereitet werden.

Die dafür bestimmten Kinder erhalten Metallinstrumente verschiedener Klanghelligkeit und suchen sich dazu die jeweils passenden Schlegel aus. Wenn ein Gong vorhanden ist, wird er natürlich eingesetzt. Die Kinder, die mit ihren Instrumenten Glocken in verschiedenen Kirchtürmen darstellen, verteilen sich möglichst im ganzen Raum. Jede Glocke setzt zu einer anderen Zeit mit Läuten ein, so daß das volle Geläut sich erst langsam entwickelt. Auch der Rhythmus des Läutens, ob langsam oder schnell, gleichmäßig oder ungleichmäßig, soll bei jeder Glocke anders sein.

Das Aufhören vollzieht sich wieder nacheinander; jede Glocke wird zum Schluß leiser und langsamer, am schönsten sollte dies die letzte Glocke machen.

Die zuhörenden Kinder berichten nachher, was sie gehört haben, u. a. auch, ob eine Glocke zu hart oder zu leise geklungen hat.

Das Ganze ließe sich auch mit Auswinken machen. Hierbei bekäme möglichst der größere Teil der Gruppe je eine "Glocke"; die andern halten unter sich eine bestimmte Reihenfolge ein und winken l a n g s a m nacheinander je eine Glocke aus.

Die bemalten Türen

An einer Tafel macht die Leiterin drei Zeichnungen etwa dieser Art:

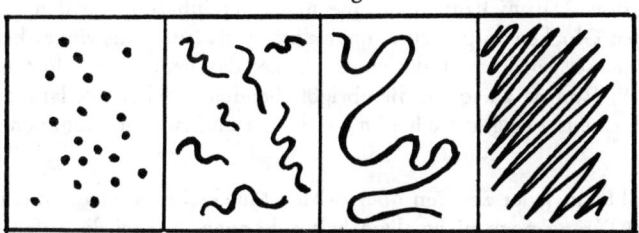

Dazu kann sie folgendes erzählen: "Ein Kind hat sich in der Nacht verirrt und kommt endlich an ein Haus, vor dem noch eine Laterne brennt. Das Haus hat drei Türen, und jede Tür ist anders bemalt, so wie ihr es hier seht. Aber alle Türen sind verschlossen. Da klopft und rüttelt das Kind an den Türen. — Plötzlich ertönt von drinnen eine merkwürdige Musik" — (Die Leiterin stellt mit Flöte, Geige oder Stabspiel *eine* der drei Türzeichnungen dar: für Nr. 1 einzelne, ganz verschiedene, kurze Töne [gezupft?] mit ungleichen Pausen; für Nr. 2 kurze, durch Pausen getrennte Triller von verschiedenen Tönen aus; für Nr. 3 etwas durchgehend Tremolierendes, das auf und ab geht, bzw. auf der Geige Glissandi [3b], o h n e Pausen. — Das Kind denkt nach und schaut die Türen genau an. Dann geht es zu einer bestimmten Tür hin, und siehe da, sie geht auf!"

Welche Tür was es wohl, die aufging?

Die musikalischen Erkennungszeichen für eine bestimmte Tür können nun einzelne Kinder mit der Stimme oder beliebigem Instrument geben; die andern müssen raten.

In einer späteren Lektion kann die Leiterin vier oder fünf sehr verschiedene Türen an die Tafel zeichnen. Hier folgen noch einige Vorschläge:

Eine Tür mit dicken und dünnen Punkten wird natürlich mit dynamisch deutlich unterschiedenen, kurzen Tönen dargestellt usw. Soll Tür Nr. 5 von einem oder von zwei Kindern dargestellt werden?

Vielleicht können auch einige Kinder eine neue "Tür" zeichnen? Wenn die Zeichenbewegung hierbei mit der musikalischen Spielbewegung übereinstimmt, kann man sie besonders leicht darstellen. Aber nicht alles, was Kinder hinzeichnen, läßt sich so in Klang umsetzen, daß man es wiedererkennt.

Für das Spiel mit den bemalten Türen muß sich die Leiterin gut vorbereiten.

V SPIEL MIT TÖNEN

A) Glocke spielen

9. Aufgabe

Das Glocke-Spielen wird regelmäßig fortgesetzt, jetzt immer mit langsamem "Austrudeln" der letzten Glocke und auch oft mit dynamischen Schwankungen.

Oft ist es jammerschade, daß die letzten zwei oder drei Glocken nicht bis zuletzt zusammenklingen dürfen. Darum kann man eine neue Vereinbarung für den Schluß machen: Wenn die letzten Glocken so gut zusammenklingen, daß der Auswinker keine davon ausschalten möchte, so verschränkt dieser die Arme; das bedeutet: "Hört nun allein auf, wann ihr wollt!" Von da an sollen die übrigbleibenden Glocken alle langsamer und leiser werden, aber doch ein wenig n a c h e i n a n d e r zum Stillstand kommen.

Die Glocke ruft

Dieses Spiel sollte in jeder zweiten oder dritten Musiklektion wiederholt werden. Wenn Kinder, die das Tempo noch nicht allein halten können, hierbei die rufende Glocke darstellen, wird das Ganze als Übung im rhythmischen Zusammenspiel sinnlos.

B) Das Gegenüberspiel

4. Aufgabe: Freies Spiel mit Auf- und Abwärts, Pendeln, Wiederholen

Die Vorspieler dürfen jetzt "offiziell" die Prinzipien "Tonwiederholung", "Pendeln", "Auf- und Abwärts" in ihren Vorspielen mischen. Die Vorspiele dürfen dann e i n w e n i g länger als bisher sein und sollen jeweils zweimal hintereinander gleichartig (nicht unbedingt g e n a u gleich) vorgemacht werden. Zögern und Reden ist weiterhin das einzige wirklich Verbotene; alles soll fließend und mit Spaß weiterlaufen.

Das Frage- und Antwortspiel sollte sich oft anschließen.

C) Rufe und Singverse

Der Singvers "Johann, spann an" wird auf Stabspielen wiederholt.

12. Aufgabe: Lieder aus drei Tönen

Das Lied "Nebel, Nebel" wird noch einmal gesungen und als Melodie auf Stabspielen ausprobiert. Die Kinder werden bemerken, daß "Nebel" wie ein langsamer Kuckuck gespielt wird und daß bei "schwing dich auf" die Töne von "Unk, unk, unk" gebraucht werden.

"Unk, unk, unk" wird nun g a n z gesungen und gespielt. Die Kinder müssen sich darüber klar werden, daß das Lied mit den hellen Tönen beginnt und daß der dunkelste Ton erst später dazukommt. Vielleicht erkennen sie es am besten, wenn man ihnen das Lied vorflötet. Zum Spielen und Singen der Liedmelodie kommt später das Wassermurmeln als Hintergrund dazu.

Mit den gleichen drei Tönen wird auch "Männchen, Männchen, geig einmal" ausprobiert.

Für alle Lieder gilt die gewohnte Form des Aneignens: singen, zugleich auf Stabspielen oder Flöten (Schmalzithern) ausprobieren, zeilenweise reihum spielen, als Ganzes singen und spielen.

13. Aufgabe

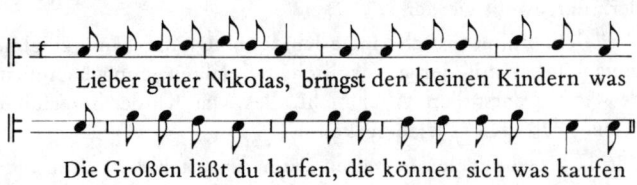

Lieber guter Nikolas, bringst den kleinen Kindern was

Die Großen läßt du laufen, die können sich was kaufen

Für dieses Lied wird ein neuer Dreitonraum gebraucht, diesmal stufenweise vom Grundton einer Durtonart ausgehend: f-g-a (g-a-h). Wenn die Kinder das Lied singend erfaßt haben, kann man ihnen zeigen, aus welchen drei Tönen das Lied besteht. Die Melodie selbst sollen sie auf den Instrumenten selbständig finden, nach Belieben auch zeilenweise rundspielen.

In der entsprechenden Jahreszeit kann man zum Lied hinzu auch klanglich darstellen, wie der Nikolas kommt, z. B.:

Ein Schlittengeläut (Schellenringe oder ein bis zwei "Glockenspieler"?) nähert sich von weitem her.

Nikolas kommt mit schweren Schritten ins Haus.

Die Kinder singen ihm das Lied mit Instrumentenbegleitung, und der Sack wird ausgeschüttet (!).

Die Kinder danken singend oder spielend mit demselben oder einem anderen Lied oder mit einem allgemeinen "Glocke-Spielen".

Das Schlittengeläut beginnt wieder und entfernt sich langsam.

14. Aufgabe "Din, don, din don dan." Weise aus Spanien

Din don din don dan. Tine fängt zu träumen an. Hinter der Cymbel da
Eine Cymbel fliegt heran. Mond hat am Tag in der
schimmert der Mond. Din don din don dan. Tine fängt zu träumen an.
Trommel gewohnt.

(Text: L. Friedemann)

Das Lied besteht aus den gleichen drei Tönen wie das Nikolaslied. Die Melodie wiegt sich hin und her, und man kann das Auffinden der Töne vorbereiten, indem man das Wiegen mit den Armen über dem Stabspiel leicht mitmacht, entsprechend der Melodie für den helleren Ton nach rechts, für den dunkleren nach links. Vielleicht kann man von der Vereinfachung der Melodie ausgehen:

VI. ABSCHNITT

VI BEWEGUNG

A) Die Füße hören die Musik

Das Gehen, Hüpfen, Tanzen nach gespielter Melodie kann in der begonnenen Weise fortgesetzt und, teils durch Tanzerfindungen, teils durch bestehende Tanzformen, weiterentwickelt werden.

B) Singen und Darstellung

"Bäumchen, rüttel dich"
2. Fortsetzung

Für das Herabsinken des Kleides darf sich nun jedes Kind sein **eigenes** Geräusch ausprobieren. Man gibt allen Kindern zugleich Zeit, sich unter Instrumenten und Gegenständen etwas auszusuchen, was ihnen zusagt; jedes muß etwas anderes haben. Die Kinder sollen sich den Klang des gewählten Instrumentes gut einprägen und das Instrument dann der Leiterin bringen. Vielleicht müssen sie dabei auch zeigen, wie sie "ihren" Klang hervorgebracht haben. Danach bilden die Kinder wieder eine lose Gruppe, wobei alle der Leiterin den Rücken zudrehen, und singen das Lied. — Die Leiterin und vielleicht noch ein Kind zu ihrer Hilfe, das einige Instrumente übernimmt, stehen ein wenig abseits. Nach Schluß des Liedes lassen sie eins der ihnen anvertrauten Instrumente erklingen. Nur dasjenige Kind, das sich diesen Klang ausgesucht hatte, soll nun als Kleid langsam und sich verbiegend heruntersinken und bleibt dann endgültig unten liegen.

Wenn ein "falsches" Kind niedersinkt, muß das Geräusch plötzlich aufhören. (Niemand darf dazwischenrufen!) Beim richtigen Kind dauert das Geräusch solange fort, bis das Kind unten liegt. Dann setzt das nächste Geräusch ein usf., bis alle Kinder als ganz verschieden gefaltete oder ausgebreitete Kleider am Boden liegen.

Bei einer größeren Gruppe muß die Spielregel etwas anders lauten: Vor Beginn eines Ablaufs werden die Kinder in zwei etwa gleich große Gruppen eingeteilt: die Darsteller des fallenden Kleides und die "Klangspieler". Die letzteren suchen sich Klangzeug für das Gold-und-Silber-Geräusch aus, jeder ein anderes. Nach Belieben können sich auch einige dafür Vokalgeräusche ausprobieren. Die Klangspieler stellen sich dann im Halbkreis auf und machen gleichzeitig ihre Geräusche. Die Darsteller gehen darin horchend herum und bleiben bei dem Spieler, dessen Geräusch ihnen am meisten zusagt, stehen. Wenn alle Darsteller gewählt haben, stellen sie sich mit dem Rücken zu den Klangspielern als "Bäumchen" auf; viele der Klangspieler wechseln dann heimlich ihre Plätze.

Nun singen alle das Lied zum Bäumchenschütteln. Danach beginnt einer der Klangspieler mit seinem Geräusch und veranlaßt damit den zugehörigen Darsteller zum Niedersinken. Wenn dieses Kind am Boden angelangt ist, oder vielleicht auch mitten in sein Sinken hinein, beginnt schon ein zweites Geräusch, nach welchem sich das entsprechende Kind bewegt usw. Da jetzt in den Versionen sowohl für kleine als für große Gruppen jedem einzelnen Darsteller ein einzelner Klang zugesellt wird, braucht die Bewegung sich nicht mehr einseitig nach den Akzenten des zugehörigen Geräusches zu richten. Das Zusammenspiel sollte vielmehr aus g e g e n s e i t i g e r Reaktion bestehen oder aus vorwiegender Führung vom Darsteller aus; denn die Bewegung hat ihre eigenen Gesetze, die der Klangspieler nicht immer erkennen kann.

Nach Belieben kann man immer wieder das Liedsingen und Bäumchenrütteln an den Anfang eines neuen Vorgangs setzen.

VI RHYTHMUS

Vorbereitung zum Notieren von Rhythmen

Die Kinder singen einen rhythmisch prägnanten Vers wie "Storch, Storch, schnibel schnabel, mit der langen Ofengabel..." und klopfen dabei auf jedem Ton. Danach sollen sie das Lied nur "denken" und dazu jeden Ton mit kleinem Schlegel auf eine Cymbel oder mit Paukenschlegel auf ein Fellinstrument schlagen. Wie führt man schnelle und langsame Schläge auf diesen Instrumenten aus? Die Kinder werden bald herausbekommen, daß man die schnellen Schläge gerade von oben nach unten führt und daß man für die langsamen Schläge, die nachschwingen sollen, eine runde Bewegung aus der Luft macht. Wenn alle es erfaßt haben, wird das Lied noch einmal mit den entsprechenden Armbewegungen mit oder ohne Instrument gemeinsam ohne die Leiterin gesungen oder auch nur "gedacht". Ein

Kind ohne Instrument bekommt dafür schon ein Stück Kreide in die Hand. Bei der Wiederholung des Vorgangs führt dieses Kind das Kreidestück mit den gleichen Bewegungen — und im gleichen Tempo! — an der Tafel entlang. Es soll dies ganz unbefangen und absichtslos tun; dann kommt etwa solch ein Bild für die 1. Zeile heraus:

Dies ist vom Kind aus ganz logisch, denn es weiß noch nicht, daß das Bild die Reihenfolge der Schläge erkennbar machen soll.

Die Leiterin stellt sich dumm und hält die vier Herunterstriche für den Anfang des Liedes. Dann greifen die Kinder ein und erfassen das betr. Problem. Die Aneinanderreihung von Schlagzeichen auf der Tafel von links nach rechts, läßt sich vielleicht noch plausibler machen durch den Vergleich, daß ja die Kinder bei den meisten Spielregeln auch "der Reihe nach" drankommen. Die Kinder "schreiben" nun die Schlagzeichen hintereinander von links nach rechts an die Tafel und evtl. in Hefte — immer im Singtempo!

2. Aufgabe

Das Verfahren wird umgekehrt. Die Leiterin schreibt den Anfang eines anderen bekannten Liedes, der auch nur Halbe- und Viertelnoten hat, oder einen "Tanzschritt" an die Tafel, und die Kinder schlagen den Rhythmus, ohne dafür ein Lied zu wissen, zunächst in der Luft nach — erst jedes für sich, dann zugleich oder nacheinander auf einem Instrument. Zum Schluß wird gegebenenfalls das Lied geraten.

Durch das Zeichnen oder "Schreiben" eines Rhythmus im gleichen Tempo und mit den gleichen Bewegungen wie beim Musizieren verschmelzen Rhythmus und Bild für die Kinder leicht zu einer Einheit, die den Notierungsvorgang zu einer Selbstverständlichkeit macht.

Später kann man — mit Verzicht auf das "Originaltempo" beim Schreiben — die Normalnotierung für Halbe und Viertel daraus entwickeln. Als Übergangszeichen:

Zweitöniges Tutti-Solo-Spiel

Jeder Spieler hat sich mit zwei verschiedenen Schlagmöglichkeiten versehen, und zwar so, daß die eine Hand den hellen, die andere den dunkleren geben kann. Auf diese Weise kann man am bequemsten und schnellsten mit den Schlägen abwechseln. Nicht nur zweitönige Schlaginstrumente wie Bongos oder (angeschraubte) Holzröhrentrommeln sind dafür verwendbar; man kann z. B. zwei verschiedene Holztrommeln vor sich hinlegen, oder man kann Pauke, Negertrommel oder etwa eine Tischplatte mit zwei verschiedenen oder verschieden gehaltenen Schlegeln anschlagen. Der weiche Schlegelkopf trifft auf das Fell, und der Schlegelstiel trifft schräg von unten auf die Pauken- oder Trommel-K a n t e n. Oder man benutzt nur e i n e n Paukenschlegel, und die freie Hand macht den helleren Schlag in der Fellmitte. Diese und andere Möglichkeiten sollen natürlich von den Kindern entdeckt werden.

Nun werden Tutti-Solo-Spiele gemacht, bei denen jeder Anführer einen ostinaten Rhythmus mit abwechselnden Schlagstellen erfindet und die Mitspieler versuchen, nicht nur den Rhythmus sondern auch die Verteilung der Schläge auf hell und dunkel zu imitieren. Wenn das schwer geht, kann man sich oft durch vokale Klangimitationen helfen, z. B.:

damtaddadatta tidadi

"Inder und Neger"

Durch die Aufgabe des Pausenschlagens im V. Abschnitt wurde ein bewußtes "Gegenspielen" eingeleitet. Eine andere Art des rhythmischen Gegenspielens, die sich für geübte sieben- bis achtjährige bzw. für wenig geübte größere Kinder eignet, ist folgende:

Die Leiterin erklärt: "Ich bin ein Inder. Ich schlage einen ganz ruhigen, gleichbleibenden Rhythmus immer weiter. Wer von euch auch ein Inder sein möchte, schlägt meinen Rhythmus mit. Wer aber ein Neger sein will, der schlägt einen ganz anderen und schnelleren Rhythmus dagegen, der auch gleichbleibt. Da die Neger sehr musikalisch sind, werden sie immer einen Rhythmus erfinden, der zu dem des Inders paßt. Jeder Neger denkt sich natürlich seinen eigenen Rhythmus aus."

Sie führt einen Ablauf in der angesagten Form durch; danach geht die Rolle des anführenden Inders reihum. Für sie braucht man jeweils ein Instrument mit herausfallender Klangfarbe: Triangel, Cymbel, besonders dunkler Fellklang?

Geeignete "Inderrhythmen" wären etwa solche: ♩ ♩ ♩ ♩ :|| ♩. ♩♪ :|| ♩ | ♩ ♩ :||

Diese Spielregel gibt den Selbständigen und Mutigen Gelegenheit zum Erfinden, erlaubt aber den weniger Sicheren noch das "Mitmachen". Nach einiger Übung in diesem Spiel pflegen alle Kinder ab sieben oder acht Jahren das "Negersein" zu bevorzugen.

Die Neger werden zunächst noch recht ähnliche Rhythmen wie der Inder schlagen. Vielleicht übernehmen sie aber schon etwas vom "Pausenschlagen" in dieses Spiel. Es ist interessant zu beobachten, was die "Neger" unter einem Rhythmus verstehen, der zum Inderrhythmus paßt, aber ganz anders ist. Meistens wird im Metrum des Inderrhythmus gespielt. Die gleiche Takteinteilung wie die des Inders kommt weniger häufig, ist auch gar nicht nötig. Zu einem Fünfer-Takt können die Neger nach Belieben Dreier- oder Vierertakt-Ostinati spielen. Gleichzeitige Rhythmen aus verschiedenen Taktarten klingen meistens reizvoller als Rhythmen in der gleichen Taktart.

Die Negerrhythmen sollen weder kritisiert noch analysiert werden, sondern sich als Ausdruck der Fantasie und der Vitalität unbefangen entfalten dürfen. Durch das "Rechnen" wird die Voraussetzung zu spontaner Erfindung zerstört. Das Gegeneinanderspielen in verschiedenen Takteinteilungen sollte den Kindern noch lange als unbewußte Selbstverständlichkeit erhalten bleiben. Eingreifen sollte die Leiterin nur, wenn der Inderrhythmus nicht mehr deutlich zu hören ist, bzw. wenn die Neger den Inderrhythmus offensichtlich gar nicht mehr beachten.

Auf das Inder-Neger-Spiel wendet man wieder die Tutti-Solo-Spielregel an, und zwar in der Form, die beim Pausenschlagen empfohlen wurde: Der Inder nickt zu gegebener Zeit einem Neger zu, schlägt dann leiser und spielt eine kurze Zeit mit diesem Neger Rhythmus und Gegenrhythmus allein. Wenn er wieder lauter spielt, fällt das Tutti ein. (Die jeweiligen Inder sollen nicht aus Versehen einem anderen "Inder" zunicken.)

Der Inder mit dem Tabla (Spielidee)

Diese Spielidee entstand bei der Beobachtung, wie ein indischer Musiker auf seiner "Tabla" musizierte.

Alle haben ein Metallinstrument oder eine Rassel in der Hand. Nur ein Spieler hat sich wieder für ein zweitöniges Spiel auf Fellen eingerichtet. Dieser Spieler, "der Inder", improvisiert mit beiden Händen einen ostinaten zweitönigen Rhythmus, den er nach einer

Weile ohne Pause und möglichst auch ohne Wechsel des Metrums zu einem anderen Ostinato abwandelt; auch dieses Ostinato wird nach einer gewissen Zeit von einem neuen abgelöst usw. Die anderen Spieler sollen still, am besten auch blind, zuhören und nur jedesmal, wenn sich das Ostinato ändert, einen l e i s e n Schalg auf ihr Instrument geben. Der Inder darf sein Ostinato nicht zu oft ändern, damit jeder Rhythmus erst einmal in Ruhe aufgefaßt werden kann und eine Reaktion auf den Wechsel der Ostinati möglich wird.

Wenn der Inder ungefähr sechs verschiedene Ostinati improvisiert hat und sein Spiel sich nicht gerade in einer besonders spannenden Phase befindet, erhebt sich das der Sitzordnung nach "nächste" Kind, um den Platz des Inders einzunehmen. Es geht aber zunächst um den Kreis der Spieler herum und macht dabei ganz charakteristische Schritte: entweder schwer und lastend oder leicht und schnell oder hüpfend o. ä. Nun begleiten jeweils die Kinder, die ein für diese Gangart charakteristisches Instrument haben, den Weg des neuen Inders mit einem "Geläute" oder "Gerassel", bis er am Platz sitzt und der bisherige Inder dessen Platz mit Instrument eingenommen hat. Dann ist alles still, und das Spiel beginnt von vorne.

Ein geübter Spieler wird als Inder die Farbigkeit seiner Ostinati noch durch lebhaften Wechsel der Schlagstellen auf dem Fell erhöhen; dies hat die beste Wirkung auf Bongos oder Negertrommeln.

Vielleicht gibt es ein Kind in der Gruppe oder Klasse, das zum "Tablaspiel" auf einem Melodieinstrument improvisieren mag? Hierfür muß das Metrum des Tablaspielers auch beim Ostinatowechsel ganz unverändert bleiben. Die Metallspieler legen ihr Instrument fort und sind dann eine Weile nur Zuhörer.

Es gäbe natürlich auch die Möglichkeit, daß die Leiterin oder ein größeres tüchtiges Kind eine Melodie mit deutlichen Einschnitten (Zäsuren) improvisieren; dann können die Zuhörenden bei jeder Zäsur einen Schlag auf das Metallinstrument geben.

VI DYNAMIK UND KLANG

A) Lärmphasen

Eine Weiterführung des Spiels mit Lärmphasen wird jeweils vom Interesse der Beteiligten abhängen. Vielleicht erfinden Große und Kleine gemeinsam noch Variationen des Spiels, bei denen der Vorgang vor allem klanglich noch differenzierter wird, die aber das Gestaltungsvermögen sieben- bis achtjähriger Kinder nicht überfordern? (Z. B. durch verschiedenartige Klanggebungen und Anschlagsarten von Phase zu Phase.)

Der Bergsteiger

Weiterführung aus dem IV. Abschnitt: Rhythmus

Wenn die Bergsteiger oben angekommen sind, betrachten sie die schöne Fernsicht. Wie stellt man mit Klängen eine schöne Aussicht dar? Es muß sehr ruhig und fern klingen. Mehrere Kinder mischen sich geeignete leise und liegende Klänge zusammen; gelegentlich ist auch nur ein Teil der liegenden Klänge zu hören, "je nachdem, in welche Richtung die Bergsteiger gerade schauen". Aber als Ganzes machen diese Klänge keine einzige Pause. Ab und zu hört man eine kleine Folge von Schritten von irgendeinem, der den Aussichtspunkt wechselt, jede Schrittfolge natürlich in einem anderen Klang. Manchmal rollt ein kleiner Stein den Berg hinab. Den Kindern wird da noch mehr einfallen, als man "brauchen" kann. All diese Geräusche sind nur vereinzelt zu hören und sollen die große Stille mit der leise klingenden Fernsicht nicht beeinträchtigen.

Zum vollständigen Spielablauf gehört natürlich der alte Anfang mit den Schritten und dem Herzklopfen. W a n n beginnt dann die Fernsicht zu klingen?

Scheibenwischer spielen (Spielidee)

1. Aufgabe

Die meisten Scheibenwischer machen ein knurrendes oder quietschendes Geräusch, wenn sie in Tätigkeit sind; Hin und Zurück klingt dabei nie gleich. Wie kann man, vokal oder instrumental, dieses Quietschen darstellen?

Die Kinder probieren eine Weile aus; dann werden damit Spiele gemacht, z. B.: Je ein "Scheibenwischer" sucht sich einen Partner für das Autogeräusch und einen für den Regen. Dann wird akustisch eine Autofahrt gemacht, in der es zu regnen anfängt und wieder aufhört. (Die Scheibenwischer arbeiten immer noch eine Weile n a c h dem Regen.)

Die Scheibenwischer werden auch langsamer oder schneller; wovon hängt das ab?

Die Wischer können dazu von je zwei Kindern pantomimisch dargestellt werden — dann Vorsicht vor zu schnellen, ermüdenden Tempi!

Die Kinder sollen nach den ersten derartigen Versuchen Scheibenwischer in Geräusch und Bewegung beobachten, auch die großen an einem Omnibus, die g e g e n e i n a n d e r wischen. Bei der nächsten Lektion teilen die Kinder sicher neue Beobachtungen mit.

Bagger spielen (Spielidee)

Für dieses Spiel wäre es gut, wenn die meisten der mitspielenden Kinder schon einen Bagger beobachtet hätten.

Man kann den Bagger mit auf Einzelkinder oder Gruppen verteilten "Rollen" spielen, die akustisch sehr gegensätzlich ausfallen.

1. Das laute, burrende, schnaufende Baggergeräusch, das beim "Anheben" immer einen gewaltigen Akzent bekommt und immer wieder eine Weile pausiert.
2. Das leise, aber stetige Surren des Motors.
3. Das kürzere Klackern und Prasseln der Steine bei Entleerung der Baggerschaufel.

Der Baggerarm mit Schaufel kann auch als Bewegung, jeweils von e i n e m Kind, dargestellt werden. Nach dieser Bewegung richtet sich dann das dynamisch wechselnde, vielleicht von mehreren Kindern ausgeführte Baggergeräusch. Wie folgen Baggerlärm und Steineprasseln aufeinander? Kommen auch manchmal statt Steine nur Sand und Erde herabgerieselt?

Der Motor summt gleichmäßig weiter. Wenn er aufhört, ist ein Spiel zu Ende.

Die Geräusche für Bagger, Steine, rieselnde Erde und Motor sollen, vokal oder instrumental, sehr gegensätzlich und charakteristisch ausgesucht werden.

Es kommt hierbei u. a. auf die starken dynamischen Kontraste, z. B. zwischen lautem Bagger und leisem Motor, und gegebenenfalls auf das einheitliche Zusammenspiel zwischen Bewegung des Baggers und seinen Geräuschen an. Daß die Geräusche "naturgetreu" sind, wird immer weniger wichtig. Verschieden lange Phasen und Pausen des Baggergeräusches machen das Ganze spannend.

In Klassen können sich auch zwei bis drei Baggergruppen bilden und den zuhörenden Kindern nacheinander etwas vormachen (mit Preisverteilung?).

Wie immer sollen auch bei diesem Spiel die Ideen und Vorstellungen der Kinder aufgefangen werden, ehe die Leiterin etwas anordnet. Die obigen Ratschläge zur Organisation des Ablaufs sollen nur, soweit sie noch notwendig sind, verwertet werden.

Der Güterzug   (Spielidee – für große Gruppen und Schulklassen in großem Raum)

Ein langer Güterzug soll zusammengestellt werden und durch den Raum fahren. Bei einem Güterzug fahren für gewöhnlich einige gleichartige Wagen mit gleichartigem Geräusch oder Geratter hintereinander, an die sich wieder andere, auch in sich einheitliche Wagengruppen anschließen. Diese verschiedenen Wagengruppen kommen aus verschiedenen Orten. Dort müssen sie erst einmal als Gruppe zusammengestellt und abgeholt werden.

Zuerst werden ein Kind als Rangierlokomotive und ein bis drei Zuschauer und Kritiker ausgewählt. Die übrigen Kinder werden in mehrere "Wagengruppen" zu je drei bis sechs Kindern eingeteilt, und jede Gruppe sucht sich ihren Ausgangsort an einer anderen Stelle der Wände. Dort einigt sich jede Gruppe unter sich, welches ihr spezielles Geräusch sein soll, z. B. Rattern in bestimmten Rhythmen:

Racketong, Racketong, tocke teckereck, rum bummm u. ä.

Auch Schrittrhythmen können daran beteiligt werden, wenn es die Gruppe einheitlich macht. (Günstig wäre es, wenn sich die Kinder mit den lautesten Schuhen zu einer Gruppe zusammentäten und ihre Geräusche nur aus bestimmten Schrittrhythmen machten. Es müssen Schrittrhythmen sein, mit denen man auch so schnell wie die anderen "fahren" kann.)

Ein oder zwei Wagengruppen können auch nur surren oder rumpeln, und in einer reisen vielleicht Kühe, die manchmal brüllen. Es sollte aber nicht mehr als eine Tierart vertreten sein, damit aus dem Güterwagen kein Zoo wird.

In der Mitte stehen die Rangierlok und die Zuschauer. Nach einem Zeitraum, der für die Einigung der Gruppen über ihre Geräusche genügen kann, gibt die Lok ein Signal, wobei sie eine bestimmte Wagengruppe ansieht. Diese Gruppe setzt sich langsam und mit entsprechend langsamen Ratterrhythmen in Bewegung, steigert Fahrt und Rhythmus in der Schnelligkeit und fährt durch den Raum an der Lok vorbei an das andere Raumende. Dasselbe geschieht nacheinander mit allen Wagengruppen. Das letzte Kind einer Wagengruppe fungiert jeweils als Schiebelokomotive.

Die Zuschauer sollen aufpassen, ob bei den Gruppen Schnelligkeit der Fahrt und der Geräusche übereinstimmen, ob die Schritte nicht lauter sind als die vereinbarten Geräusche und ob alle Gruppen ganz verschiedene Geräusche haben. Wenn zwei Gruppen zu ähnlich klingen, soll eine der beiden sich ein neues Geräusch ausdenken.

Die "Rangierlok" überlegt sich beim Ansehen und Anhören der Wagengruppen, wie sie sie aneinanderreihen will. Wenn man erst ein wenig Erfahrung hat, kann man sie von den Geräuschen her schon bewußt anordnen. Vielleicht findet man dafür auch eine bestimmte Regel, z. B.: erst die Leisen, dann die Mittellauten, dann die Lautesten – oder: jede Gruppe wird angeschlossen an eine mit ganz gegensätzlichem Geräusch, o. ä.

Wenn alle Wagengruppen ihre Probefahrt gemacht haben, fährt die Lokomotive los, um den ganzen Zug zusammenzustellen. Wie man das macht, werden die Kinder wissen. Sie werden auch sicher daran denken, daß die Lok sich jeweils rückwärts an eine Wagengruppe heranschieben muß. Beim langsamen Rangieren wieder langsamere Rattergeräusche! Die Koppelung der Wagengruppen kann evtl. mit einem Seil geschehen.

Endlich fährt der ganze Güterzug mit Volldampf in Schlangen durch den Raum, und zum Schluß müssen die einzelnen Wagengruppen wieder an verschiedenen Orten abgeliefert werden, so daß es allmählich immer leiser wird.

Für die Zuschauer gibt es sicher viel Technisches und Musikalisches zu kritisieren. Auch neue Ideen werden kommen, Anlaß genug, um bald einen neuen Güterzug zu machen.

VI SPIEL MIT TÖNEN

A) Glocke spielen

10. Aufgabe
Anstatt durch Auswinken oder dynamische Veränderungen bekommt jetzt das Glockespielen durch freiwilliges Pausieren der einzelnen Spieler seine besondere Gestaltung. Die Spieler fangen dabei am besten beliebig nacheinander an. Jeder darf im Verlauf des Spiels e i n m a l eine nicht zu kurze Zeit pausieren und fängt dann wieder an. Wichtig ist dabei, daß das Pausieren erst beginnen soll, wenn alle Glocken schon eine Zeitlang im Spiel sind, und daß niemals mehr als eine vereinbarte Zahl von Spielern (ein oder zwei?) zugleich pausieren dürfen.

Man kann hierbei blinde Zuhörer brauchen, die versuchen, wenigstens e i n e Glocke zu beobachten und zu berichten, wann sie pausiert hat und ob das Ganze ohne sie oder mit ihr schöner klang? Die jeweils gemeinte Glocke soll vom Berichterstatter durch charakterisierende Worte oder durch vokale Imitation gekennzeichnet werden.

In einer Gruppe mit vielen Spielern und wenig Stabspielen kann die Pause auch für den Austausch mit einem neuen Spieler, der schon hinter dem "alten" stehen sollte, ausgenutzt werden. Soll der Neue nun die Glocke des "Alten", die er ja beobachten konnte, möglichst genauso fortsetzen oder seine eigene erfinden?

11. Aufgabe
Die 10. Aufgabe kann auf folgende Weise weiterentwickelt werden: Jeder Spieler darf nach seiner Pause mit einer neuen Glockenerfindung wiederbeginnen. Vielleicht kann man dabei schon bewußt in den Gesamtklang hinein neu erfinden?

Zuhörer können wieder mit Worten oder mit Imitationen versuchen zu beschreiben, wie sich die Glocke eines Spielers verändert hat.

Bei diesem Spiel wäre es verlockend, beliebig viele Pausen und Neuerfindungen zu machen; aber dann würden Kinder kein Ende finden. Solch eine Art Freiheit können nicht einmal alle Großen vertragen.

Vielleicht kommen große und kleine, mit dem Glockenspiel vertraute Spieler noch auf neue Ideen für seine Weiterentwicklung?

Dirigieren von harmonischen Klangschlägen

1. Aufgabe
Ein Spieler schlägt zwei beliebige, aber ausgesuchte Töne seines Stabspiels als Zusammenklang an und wiederholt diesen "Zweiklang", während langsam ein Spieler nach dem andern sich mit einem durch leises Probieren gut gewählten Zweiklang, ihn immer wiederholend, in das Ganze einfügt. Wenn alle Spieler bis auf den jeweiligen "Dirigenten" sich eingemischt haben, wird es still. (Es empfiehlt sich, daß jeder Spieler die Nachbarstäbe seiner gewählten Töne herausnimmt.) Der Dirigent gibt nun Zeichen zum Einsetzen der gewählten Zweiklänge. Aus seinen Bewegungen und aus der Benutzung von ein oder zwei Händen soll von Schlag zu Schlag deutlich erkennbar sein, ob er alle Spieler meint oder nur einen oder zwei – und wen? Soweit diese Forderung es zuläßt, kann jeder auf seine eigene Art dirigieren.

Zuerst werden die Einsatzzeichen wahrscheinlich rhythmisch gleichmäßig kommen. Wenn eine Aufforderung der Leiterin zu lebendiger und überraschender rhythmischer Schlagfolge wenig fruchtet, dirigiert die Leiterin einmal eine keineswegs ostinate, sondern rhythmisch sehr abwechslungsvolle Schlagfolge vor. Sicherlich nützt es auch, wenn die Dirigierversuche von jedem Kind erst einmal nur mit dem Tutti, also ohne Klangabwechslung, dafür aber mit voller Konzentration auf das rhythmische Geschehen gemacht werden.

Besonders reizvoll ist es für Kinder, inmitten einer Schlagfolge mit Klangabwechslung vorübergehend ein Hin und Her zwischen nur zwei verschiedenen Zweiklängen zu dirigieren. Hiermit kann man auch ein Langsamer- und Schneller-Werden verbinden.

2. Aufgabe

In einer Tonart, die von den Stabspielen her intoniert wird (F-dur), singt die Leiterin mit den Kindern ein ruhiges Lied, z. B.: "Martin, Martin . . ." (Siehe Ende des letzten Kapitels.)

In dem genannten Lied heißt es: "zündet viele Lichter an". Das Anzünden eines Lichtes kann jedes Kind mit einem Glockenspiel darstellen, indem es sich zum Lied hinzu einen hellen Zweiklang auf dem Stabspiel aussucht und diesen einige Male, nicht zu oft, in das Lied hineinspielt.

Erst versuchen es alle zugleich, während die Kinder ohne Glockenspiel das Lied singen. Nachher kann jedes Kind einmal während eines ganzen Liedablaufs vormachen, was es sich ausprobiert hat. Vielleicht kommen schon manche darauf, die Stellen, wo die Melodie "ausruht" (die Zäsuren), für den Schlag auszunutzen.

Die "Nacht" kommt dazu durch eine ständige, rhythmisch schreitende Wiederholung eines dunklen Zweiklangs auf den tiefsten vorhandenen Xylophonen oder Metallophonen bzw. auf Großbaßstäben.

Später kann wieder ein Dirigent die "Lichter" zum gesungenen Lied hinzu dirigieren, für die jedes Kind mit Glockenspiel seinen Zweiklang bereit hat. Nach dem Lied-Ende kann man vielleicht noch — frei oder dirigiert — ein paar Schlußschläge ("Schlußlichter") machen.

Diese einfache Praxis einer Liedbegleitung läßt sich bei vielen ruhigen Liedern, vor allem bei alten geistlichen Liedern, die in der Tonika kreisen, anwenden. Es muß nicht immer die Assoziation des Lichtanzündens damit verbunden sein. Der durchgehende Rhythmus eines tiefen Instruments findet aus dem jeweiligen Liedtext seine Motivierung: baumeln — wiegen — schwere Schritte — gehen — tanzen.

Hier seien einige geeignete und für kleinere Kinder zum Singen nicht zu schwierige Lieder genannt:

>Laterne, Laterne, Sonne Mond und Sterne
>Ich geh mit meiner Laterne
>Kindlein mein, schlaf nun ein
>Lieber guter Nikolas
>Nikolas, du guter Gast
>Josef, lieber Josef mein
>In dulci jubilo
>Der Maien ist kommen
>Maienzeit bannet Leid

Beim letzten Lied sollten in den Stabspielen nur d-f-g-a liegen bleiben. Dies muß die Leiterin von sich aus anordnen; denn Kinder unter zehn Jahren haben noch selten ein so entwickeltes harmonisches Gehör, daß sie von sich aus bei einem Lied in "Moll" andere Zweiklänge als bei "Dur" bevorzugen.

Zum Singen hinzu oder statt dessen kann die Liedmelodie auf der Flöte, Fidel, Geige gespielt werden.

Man kann diese Praktik auch bei Vorführungen anwenden, wo kleinere Kinder ohne Noten mitmusizieren sollen. Aus der jeweiligen Situation wird sich ergeben, ob besser die Leiterin oder ein tüchtiges Kind das Dirigieren übernimmt.

Für die Ohren der Erwachsenen, die zuhören, wäre es gut, wenn das Baßfundament harmonisch eindeutig klänge. Darum kann die Leiterin für den Spieler des tiefsten Instruments ausnahmsweise den betreffenden bleibenden Zweiklang aus Grundton und Quinte (den Dudelsacktönen der Tonart) angeben.

Schritte oder Sprünge?

Die Leiterin spielt auf einem Melodieinstrument oder einem vollgelegten Stabspiel erst eine Tonfolge aus lauter "Schritten" (zwischen Nachbartönen) und dann eine Tonfolge mit lauter Intervallsprüngen vor, beides in gleicher Weise legato. Die Kinder sollen den Unterschied beschreiben.

Nun müssen alle Stabspiele vollgelegt werden, damit man auch eine lange Reihe von "Schritten" spielen kann. Dann probieren die Kinder alle zugleich eine Weile Tonfolgen entweder nur in "Schritten" oder nur in "Sprüngen". (Wie macht man mit zwei Händen eine "Kette" von Tönen in einer Richtung auf den Stabspielen? Man muß ein bißchen "Technik" üben.)

Was für einen Charakter haben Melodien mit viel "Schritten" — ruhig, müde, traurig? Und wie klingen Melodien mit viel Sprüngen?

Ein Abendlied hat viele Schritte in der Melodie: "Nun wollen wir singen das Abendlied", "Der Mond ist aufgegangen". Ein lustiges Lied oder Tanzlied hat viele Sprünge: "Es geht ein Bi-, Ba- Butzemann", "Die Vögel wollten Hochzeit machen", "Heißa, Kathreinerle".

1. Aufgabe

Jeder darf eine kurze Melodie auf seinem liebsten Instrument improvisieren, und die anderen sollen raten, ob ein Abendlied, ein trauriges Lied oder ein lustiges Lied gemeint war?

2. Aufgabe

Die Leiterin spielt kurze Tonfolgen mit je nur einem Sprung vor, jeweils zweimal genau gleich hintereinander. Beim zweiten Mal sollen die Kinder durch einen leisen Schlag auf die Cymbel angeben, wann der Sprung kam.

Ob sie es auch merken, wenn die Leiterin plötzlich zwei Sprünge innerhalb einer Tonfolge macht?

B) Das Gegenüberspiel mit Schritten und Sprüngen

5. Aufgabe

Man richtet sich wieder zum Gegenüberspielen ein. Um beim Nachspielen die schwierige Unterscheidung zwischen Schritten und Sprüngen in einfacher Form zu beginnen, läßt man den Vorspieler zunächst entweder nur Schritte oder nur Sprünge spielen. Der Nachspieler braucht nur das Prinzip zu imitieren; die Größe der etwaigen Sprünge ist Nebensache. Wichtig ist dagegen, daß der Nachspieler blind zuhört, vor allem, wenn er das gleiche Instrument spielt wie der Vorspieler.

Später kommt die Fragestellung: "E i n Sprung darf vorkommen, aber w a n n kommt er?" Das bedeutet auch für die Vorspieler keine leichte Aufgabe, weil man jeweils nur einen Sprung in der Tonfolge spielen darf. Die Vorspiele müssen wieder ziemlich kurz sein und nur je in e i n e r Richtung verlaufen; man darf auch nicht zu schnell spielen.

Im Gesamtablauf ist aber weiterhin Spontaneität und Zügigkeit ratsam. Die Kinder profitieren mehr bei einem ungestörten Spiel zwei- bis dreimal herum ohne Reden als durch Verbessern und Bereden während eines entsprechenden Zeitraums.

Zu einem genauen "Echospiel", bei dem der Anfangston und das Intervall des Sprunges "stimmen" müßten, sind Kinder bis zum zweiten Schuljahr noch selten fähig.

Das freie Frage- und Antwortspiel mit dem Gegenüber sollte sich immer an diese Übungen anschließen.

Nachspielen von Tonfolgen

Die Kinder haben schon damit begonnen, dreitönige Lieder nach dem Gehör zu spielen. Die Fähigkeit, bestimmte Tonfolgen genau auf dem Instrument zu finden, kann noch durch andere Gruppenpraktiken weiterentwickelt werden.

Die Stabspiele brauchen nicht vollgelegt zu sein. Die Leiterin gibt drei beliebige Töne aus der gerade verfügbaren Tonreihe an, die ausschließlich vorkommen sollen, z. B. f-g-a, a-c-d, d-g-a o. ä. Mit den angegebenen drei Tönen dürfen die Kinder alle zugleich herumspielen und sich etwas ausdenken, was sich immer wiederholt, ein "Ostinato". Dem Ganzen gibt die Leiterin auf tiefklingendem Instrument ein rhythmisches Gerüst durch gleichmäßige, vielleicht abwechselnd nach oben und unten schwingende Schläge, auf Stabspielen am besten Zweiklangschläge. Dann wird die Spielregel angesagt:

Alle probieren wie eben zugleich etwas aus, jeder etwas Eigenes, bis die Leiterin ein vereinbartes Klangsignal gibt. Dann sollen alle Kinder die Leiterin ansehen, die ihrerseits einem bestimmten Kind zunickt. Dieses Kind spielt sein Ostinato nun alleine vor. Die andern hören gut zu und versuchen danach alle zugleich, es so genau wie möglich m i t - z u s p i e l e n. "Abgucken" ist nicht gerade verboten; wer aber genug Mut hat, sollte ohne das auskommen. Währenddes spielt die Leiterin ihre Begleitung nur ganz leise. Wenn sie wieder laut spielt, darf jedes Kind von neuem etwas Eigenes probieren, bis das Klangsignal ertönt usw.

Während des allgemeinen Ausprobierens beobachtet die Leiterin, welche Kinder ein geeignetes, d. h. ein kurzes, prägnantes und genau wiederholtes Ostinato spielen. Nur ein solches Kind sollte sie zum Vorspielen auffordern.

Kinder, denen das Nachspielen zunächst nicht gelingt, sollte sie unbehelligt lassen, es sei denn, daß diese hinterher selbst um Hilfe bitten. Der Spielablauf soll nicht durch Sprechen gestört werden.

Durch diese Übung gewöhnen sich die Kinder unbefangen und ohne die Angst, exponiert etwas "leisten" zu müssen, an das genaue Nachspielen von Tonfolgen. Nach häufiger, aber jeweils kurzer Weiterführung der Übungen wird sich bei allen Kindern die Sicherheit im Nachspielen vermehren. Allmählich gelingen in den Mitspielphasen schon richtige Unisoni.

Später kann man dasselbe auch mit je vier vereinbarten Tönen fortsetzen.

Der Mann mit dem Holzpantoffel (Fortsetzung)

Die Schritte des Mannes mit Holzpantoffel und Strumpf können auch von zwei "Parteien" ausgeführt werden, der Holzschuh- und der Strumpfpartei. Beide Spielerparteien wechseln sich also in den Schlägen ab und müssen sich für ein gleichmäßiges Gehen des Mannes einspielen. Vor allem muß man ein wenig üben, wie er beim Regen allmählich immer schneller läuft, ohne daß er zu hinken beginnt.

Der eigentliche Schluß, auf den die Geschichte hinausläuft, ist folgender: Wenn der Regen aufgehört hat und der Mann wieder losgeht, ist er über das schöne Wetter so gut gelaunt, daß er seine Flöte aus der Tasche zieht und zum Rhythmus seiner Schritte eine Melodie, die ihm gerade einfällt, vor sich hinspielt.

Natürlich kann man hierfür jedes Melodieinstrument, das ein Kind spielen kann, benutzen. In Ermangelung eines solchen "eigenen" Instruments wird es die Kinder sicherlich nicht stören, wenn der Mann, anstatt auf dem Instrument zu spielen, das er in der Tasche trug, seine gute Laune durch eine Melodie auf einem Stabspiel ausdrückt. Man muß dann nur dem, der es spielen soll, vorher erklären, daß es kein "Glocke-Spiel" werden soll sondern eine Melodie "wie ein Lied". Die Melodie soll natürlich kein bekanntes Lied sein, sondern von dem "Mann" aus dem Augenblick heraus improvisiert werden.

Es ist nicht nötig, kann aber manchmal günstig sein, wenn sich als Schluß des Ganzen noch ein Glockenläuten anschließt. Sollte der Mann mit seiner Melodie kein Ende finden, so kann das Läuten leise in seine Melodie hinein beginnen.

Auf keinen Fall sollte einer, der auf diese Weise vielleicht zum ersten Mal in so exponierter Form eine Melodie improvisiert, schonungslos unterbrochen oder hinterher kritisiert werden. In diesem Punkt ist jeder sehr verletzlich, der sich improvisatorisch noch nicht freigespielt hat, und zu früh eintretende Kritik kann jede Entwicklung in der Richtung zerstören. Auch sollte man das Improvisieren der Melodie vorher nicht einzeln "proben". Es gelingt am besten aus der echten Situation des darstellenden Spiels heraus, die den Kindern die Befangenheit nimmt.

Auf den folgenden Seiten sind Lieder nach Gesichtspunkten des melodischen Typus und der progressiven Anordnung für das Spiel nach dem Gehör notiert.

Lieder aus fünf Tönen

(f - g - a - b* - c oder g - a - h - c* - d; $*$ = Stab zu der pentatonischen Tonreihe hinzunehmen)

Ist ein Mann in Brunnen gfallen
(Seite 49)

Unsre Katz hat Kätzchen ghabt   (IV. Abschnitt, S. 49)

Maie, Maie

Mai - e, Mai - e, Som - mer - grün, al - le En - gel sin - gen schön, sin - gen all - zu - glei - che, wie im Him - mel - rei - che. Herr ist schön, Frau ist schön, Kin - der wie die En - gel. Dank euch recht fein! Nun wolln wir recht lu - stig sein.

Der Text (aus dem Schönhengstgau) wurde von Kindern gesungen, die vom Herrenhaus Geschenke erbaten.
(Fassung der Weise: Hermann Wagner. Aus: Hermann Wagner „Freuet euch, singet fein", Möseler Verlag, Wolfenbüttel und Zürich)

Lieder aus drei Tönen in Stufen mit einem "Ansprington" (Unterquarte)

(c - f - g - a oder d - g - a - h)

Regen, Regen, rusch   *(Aus Holstein)*

Re - gen, Re - gen, rusch! De Kö - nig fahrt to Busch. Lat den Re - gen ö - ver - gahn, lat de Sünn wed - der kam. Re - gen, Re - gen, rusch!

dazu leise Regentropfen auf Fell

Die Ziege lief den Berg hinauf   *(Kinderlied von der Ruhr)*

Die Zie - ge lief den Berg hin - auf und wak - kelt mit dem Bärt - chen, da sprang ein klei - ner Schnei - der drauf, der meint, es wär ein Pferd - chen.

Mit „Ziegengalopp". Das Bärtchen wackelt. Welches Instrument macht das und wann?

Lieder mit den Ruftönen

Stork, Stork, heini   *(Aus dem Elsaß)*

Stork, Stork, hei - ni, mit di - ne lan - ge Bei - ni, mit di - ne lan - ge Knie, 's geht e Kipf - la Ha - fer dri.

Hierzu „Storchgeklapper" von 1-2 Kindern, die immer wieder zum Lied passend ein Geklapper und eine lange Pause machen sollen.

Jetzt auch "Knusper-knusper-knäuschen" spielen!

Liebe Sonne *(Kinderreim aus dem Vogtland)*

Lie-be Son-ne, komm ge-kro-chen usw. wie S. 47

Aschenputtel *(Weise: L. Friedemann)*

Die gu-ten ins Töpf-chen, die schlech-ten ins Kröpf-chen.

Das Picken der Tauben als Geräusch darstellen!

Jorinde und Joringel *(Aus: Grimms Märchen. Weise: L. Friedemann)*

Mein Vög-lein mit dem Ring-lein rot singt Lei-de, Lei-de, Lei-de. Es singt dem Täub-lein sei-nen Tod, singt Lei-de, Lei- zi-küh, zi-küh, zi-küh!

Das „Ziküh" singen und spielen die Kinder in hohen Tönen nach ihrer Vorstellung.

Lieder mit dem Dreiklang

Mit der Eisenbahn *(Mündlich überliefert)*

Wir fah-ren mit der Ei-sen-bahn, und wer will mit?
Wir fah-ren mit der Ei-sen-bahn, und du kommst mit!

Das Lied kann Vorspiel und Nachspiel aus instrumentalen Eisenbahngeräuschen bekommen.

Ebenfalls einbeziehen: "Laterne, Laterne, Sonne, Mond und Sterne"

Kuckuck in Hewen *(Aus Holstein)*

Kuk-kuck in He-wen, wo lang schall ick le-wen? Drei Jahr und drei Nacht. De Kuckuck up de Wacht hol een, hol twee, hol dree.

Mit Kuckucksrufen von 1-2 Kindern auf Flöte oder Glockenspiel an beliebigen Stellen des Liedes, aber nicht zu oft.

Sonnenvogel *(Oldenburger Ansingelied)*

Son-nen-vo-gel, Son-nen-vo-gel, hör die Glok-ken klin-gen. Der Som-mer kommt, der Som-mer kommt, da sollst du wie-der sin-gen.

Lieder im Sechs-Ton-Raum

Martin, Martin
(Aus Thüringen)

Martin, Martin, Martin war ein frommer Mann, zündet viele Lichter an, daß er oben sehen kann, was er unten hat getan.

Wer hat den Schlüssel
(Mündlich überliefert)

Wer hat den Schlüssel zum Garten? Hier ein Garten, da ein Garten, und an allen vier Ekken ein Garten. In dem Garten steht ein Haus, hier ein Haus, da ein Haus, und in allen vier Ekken ein Haus.

Pille, palle, polle

Pille, palle, polle, im Himmel sitzt Frau Holle, schüttelt ihre Betten aus, fliegen lauter Federn raus. Nun will auf Erden Winter werden.

(Worte und Weise: Hans Poser. Aus: Hans Poser „Tine, Nele und Kathrein", Möseler Verlag, Wolfenbüttel und Zürich)

Fährt ein Schifflein übern Rhein

Fährt ein Schifflein übern Rhein, übern Rhein, hat ein weißes Segel fein.
Fährt ein Schifflein übern Rhein, übern Rhein, hat ein weißes Segel.

(Worte und Weise: Karl Foltz. Aus: Karl Foltz „Hörst du nicht den feinen Ton?", Möseler Verlag, Wolfenbüttel und Zürich)

Ziegenruf

Ziegenbock, Ziegengeiß, kleine Zicklein kommt herbei! Rosa, Dokka, Nykla, Sokka, Großeuter, Schekke, kommt herbei! Euer Spielmann muß zu Berge.

Dieses Lied aus Norwegen steht deutlich in Moll, ist aber für Kinder leicht sing- und spielbar.
Fassung von Wort und Weise: Hermann Wagner. Aus: H. Wagner „Freuet euch, singet fein!" Möseler Verlag, Wolfenbüttel und Zürich

INHALT

Grundsätzlicher Teil 3
    Kind und Schlagzeug 9
    Die nötigen Vorkenntnisse für die Arbeit 13
    Zum praktischen Gebrauch des Buches 14

Praktische Übungen und Lernspiele
  I. Abschnitt
    Bewegung 17
    Rhythmus 19
    Dynamik und Klang 22
    Spiel mit Tönen 24
  II. Abschnitt
    Bewegung 26
    Rhythmus 30
    Dynamik und Klang 32
    Spiel mit Tönen 33
    Zum Feiern und Spielen 36
  III. Abschnitt
    Bewegung 37
    Rhythmus 39
    Dynamik und Klang 41
    Spiel mit Tönen 43
    Zum Feiern und Spielen 45
  IV. Abschnitt
    Bewegung 46
    Rhythmus 48
    Dynamik und Klang 50
    Spiel mit Tönen 53
  V. Abschnitt
    Bewegung 55
    Rhythmus 57
    Dynamik und Klang 60
    Spiel mit Tönen 64
  VI. Abschnitt
    Bewegung 65
    Rhythmus 66
    Dynamik und Klang 69
    Spiel mit Tönen 72

Anhang 77